디지털독해가
문해력이다

6단계

초등 6학년 ~ 중학 1학년 권장

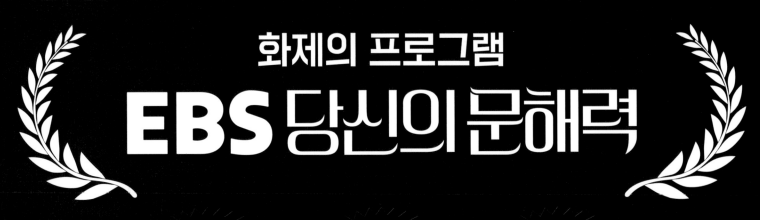

디지털독해가 문해력이다

6단계

초등 6학년 ~ 중학 1학년 권장

교과서를 혼자 읽지 못하는 우리 아이?
평생을 살아가는 힘, '문해력'을 키워 주세요!

'디지털독해가 문해력이다'

디지털 매체 학습으로 문해력 키우기

1 디지털 매체에서 정보를 알맞게 읽어내는
문해력을 키울 수 있습니다.

디지털 매체를 활용한 학습을 하면서 디지털 매체에 담긴 정보를 올바르게 파악할 수 있도록
했습니다.

2 교과별 성취 기준을 바탕으로 한
디지털 매체 학습을 중심으로 구성했습니다.

각 교과에 나오는 디지털 매체인 온라인 대화방, 인터넷 게시판, 인터넷 백과사전, 인터넷 국어사전,
인터넷 뉴스, 텔레비전 뉴스, 블로그, 웹툰, 광고, 스토리보드, SNS를 중심으로 한 독해 학습이 가능합니다.

3 실생활에서 자주 접하는 다양한 디지털 매체를 제시하여
활용해 보는 **활동**을 구성했습니다.

온라인 대화방, 인터넷 백과사전, 웹툰 등 접하기 쉬운 다양한 디지털 매체를 제시했습니다.

4 디지털 매체를 활용한 다양한
독해 활동과 **확인 문제**를 구성했습니다.

독해 활동을 하면서 디지털 매체에 대해 이해하고 알맞게 활용할 수 있는지 확인할 수 있습니다.
여러 가지 유형의 확인 문제로 디지털독해를 제대로 학습하였는지 확인할 수 있습니다.

5 학습 내용과 함께 **가치 동화**를 제시하여
5가지 올바른 가치를 강조했습니다.

5가지 가치인 자신감, 성실, 인내, 행복, 공감을 주제로 한 동화를 구성하여
올바른 가치에 대해 생각해 볼 수 있도록 했습니다.

EBS 〈당신의 문해력〉 교재 시리즈는 약속합니다.

교과서를 잘 읽고 더 나아가 많은 책과 온갖 글을 읽는 능력을 갖출 수 있도록
문해력을 이루는 **핵심 분야별, 학습 단계별** 교재를 준비하였습니다.
한 권 **5회×4주 학습**으로
아이의 공부하는 힘, 평생을 살아가는 힘을 EBS와 함께 키울 수 있습니다.

어휘가 문해력이다

어휘 실력이 교과서를 읽고 이해할 수 있는지를 결정하는 척도입니다.
〈어휘가 문해력이다〉는 교과서 진도를 나가기 전에 꼭 예습해야 하는 교재입니다.
20일이면 한 학기 교과서 필수 어휘를 완성할 수 있습니다.
국어, 수학, 사회, 과학 교과서 수록 필수 어휘들을 교과서 진도에 맞춰
날짜별, 과목별로 공부하세요.

쓰기가 문해력이다

쓰기는 자기 생각을 표현하는 미래 역량입니다.
서술형, 논술형 평가의 비중은 점점 커지고 있습니다.
객관식과 단답형만으로는 아이들의 생각과 미래를 살펴볼 수 없기 때문입니다.
막막한 쓰기 공부. 이제 단어와 문장부터 하나씩 써 보며 차근차근 학습하는
〈쓰기가 문해력이다〉와 함께 쓰기 지구력을 키워 보세요.

ERI 독해가 문해력이다

독해를 잘하려면 체계적이고 객관적인 단계별 공부가 필수입니다.
기계적으로 읽고 문제만 푸는 독해 학습은 체격만 키우고 체력은 미달인 아이를 만듭니다.
〈ERI 독해가 문해력이다〉는 특허받은 독해 지수 산출 프로그램을 적용하여 글의 난이도를
체계화하였습니다.
단어 · 문장 · 배경지식 수준에 따라 설계된 단계별 독해 학습을 시작하세요.

배경지식이 문해력이다

배경지식은 문해력의 중요한 뿌리입니다.
하루 두 장, 교과서의 핵심 개념을 글과 재미있는 삽화로 익히고 한눈에 정리할 수 있습니다.
시간이 부족하여 다양한 책을 읽지 못하더라도 교과서의 중요 지식만큼은 놓치지 않도록
〈배경지식이 문해력이다〉로 학습하세요.

디지털독해가 문해력이다

디지털독해력은 다양한 디지털 매체 속 정보를 읽어내는 힘입니다.
아이들이 접하는 디지털 매체는 매일 수많은 정보를 만들어 내기 때문에
디지털 매체의 정보를 판단하는 문해력은 현대 사회의 필수 능력입니다.
〈디지털독해가 문해력이다〉로 교과서 내용을 중심으로 디지털 매체 속 정보를 확인하고
다양한 과제를 해결해 보세요.

교재의 구성과 특징

한 주에 5회 학습 계획을 세워 공부할 수 있도록 구성했습니다.

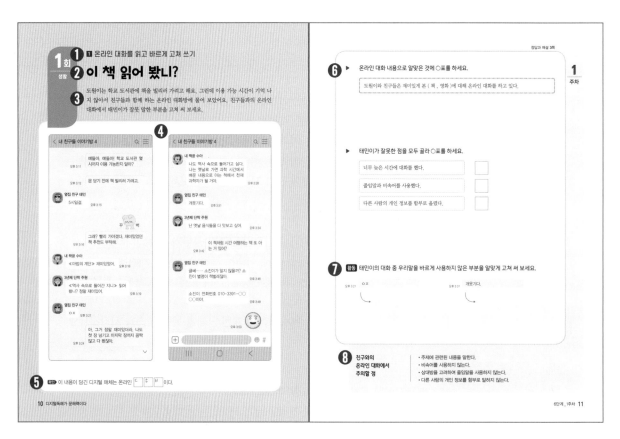

주차별 학습 내용

❶ 성취 기준   학습할 디지털 매체와 학습 방향을 제시했습니다.

❷ 제목   학습 내용의 제목을 제시했습니다.

❸ 생각 열기   학습 동기를 불러일으키는 활동 내용을 제시했습니다.

❹ 본문 학습   실생활에서 자주 보는 디지털 매체의 특성을 살려 본문 학습을 구성했습니다.

❺ 확인   본문에 사용된 디지털 매체를 확인할 수 있도록 한 문장으로 구성했습니다.

❻ 바탕학습   본문 내용을 확인해 보는 문제로 구성했습니다.

❼ 돌움학습   디지털 매체의 특성을 알고 적용해 볼 수 있는 활동으로 구성했습니다.

❽ 학습 정보   본문 학습과 관련된 정보나 디지털 매체에 대한 보충 설명으로 내용을 구성했습니다.

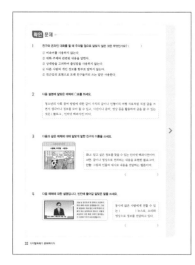

확인 문제
한 주 동안 학습한 내용을
다양한 문제 유형으로 확인
할 수 있도록 구성했습니다.

디지털 매체 다시 보기
디지털 매체를 다시 한 번
살펴보면서 상황에 따라 알
맞은 디지털 매체를 활용하
는 방법을 제시했습니다.

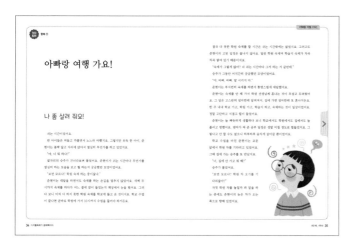

가치 동화
5가지 가치(자신감, 성실, 인내, 행복, 공감)를 담아 생활 속 이야
기를 구성했습니다.

활용 디지털 매체 보기

↳ 온라인 대화방

↳ 웹툰

↳ 인터넷 백과사전

↳ 인터넷 게시판

↳ 텔레비전 뉴스

↳ 블로그

교재의 차례

1 주차

1회
1 이 책 읽어 봤니? 10
2 청소년의 목소리 내기 12

2회
1 사랑해, 우리말 14
2 제노비스 신드롬을 아시나요? 16

3회
1 영국으로 가자! 18
2 달이 녹슬고 있다고? 22

4회
1 생텍쥐페리의 마지막 비행 24
2 날씨가 추워졌어요 26

5회
1 SNS에서도 예절을 지켜요 28
2 책 광고를 보아요 30

확인 문제 32

가치 동화 [행복] 아빠랑 여행 가요! ① 34

2 주차

1회
1 우리 반 패션 발표회 40
2 무주 반딧불 축제 42

2회
1 폐의약품 이렇게 처리해요 46
2 화가 이중섭 48

3회
1 픽토그램의 문제점 50
2 단오 52

4회
1 생명을 지켜 주는 비율 54
2 코로나19와 거리 두기 56

5회
1 길고양이 캣맘 논란 58
2 선거를 해요 62

확인 문제 64

가치 동화 [행복] 아빠랑 여행 가요! ② 66

3 주차

1회
1 마음을 전해요   72
2 미스터리 서클   74

2회
1 고유의 난방 방식, 온돌   78
2 고양이를 키워요   80

3회
1 공중 시계, 앙부일구   84
2 생활 속 표준 이야기   86

4회
1 삶의 가치를 찾아서   88
2 세계의 궁   90

5회
1 환상의 싱크홀   94
2 광고 스토리보드 만들기   96

확인 문제   98

가치 동화 [행복] 아빠랑 여행 가요! ③   100

4 주차

1회
1 친구 사랑 실천하기   106
2 세계의 음식, 베트남 쌀국수   108

2회
1 점점 심해지는 아동학대   112
2 배가 바다에 뜨는 원리   114

3회
1 자유의 여신상   116
2 청소기 사세요   120

4회
1 플라스틱의 역습   122
2 게임 개발자가 궁금해요   124

5회
1 치료에 사용하는 빛   128
2 떡볶이 만들기   130

확인 문제   132

가치 동화 [행복] 아빠랑 여행 가요! ④   134

디지털 매체 다시 보기   138

준현이는 종합학원, 영어학원, 학습지, 수영 강습, 바이올린 레슨으로

항상 바빴어요. 학원 숙제를 하느라 새벽까지 잠을 못자기도 하고,

학교 쉬는 시간에도 숙제를 하느라 정신이 없었지요.

어느 날 학교에서 상담을 하면서 준현이는 속마음을 털어놓는데 …….

– 가치 동화 〈아빠랑 여행 가요!〉 –

1 ——— 주차

회		제목	학습 계획일	
1	생활	❶ 이 책 읽어 봤니?	월	일
	사회	❷ 청소년의 목소리 내기	월	일
2	문화	❶ 사랑해, 우리말	월	일
	사회	❷ 제노비스 신드롬을 아시나요?	월	일
3	문화	❶ 영국으로 가자!	월	일
	과학	❷ 달이 녹슬고 있다고?	월	일
4	인물	❶ 생텍쥐페리의 마지막 비행	월	일
	과학	❷ 날씨가 추워졌어요	월	일
5	사회	❶ SNS에서도 예절을 지켜요	월	일
	생활	❷ 책 광고를 보아요	월	일
확인 문제				
가치 동화 [행복] 아빠랑 여행 가요! ①				

■ 온라인 대화를 읽고 바르게 고쳐 쓰기

이 책 읽어 봤니?

도원이는 학교 도서관에 책을 빌리러 가려고 해요. 그런데 이용 가능 시간이 기억 나지 않아서 친구들과 함께 하는 온라인 대화방에 물어 보았어요. 친구들과의 온라인 대화에서 태민이가 잘못 말한 부분을 고쳐 써 보세요.

확인 이 내용이 담긴 디지털 매체는 온라인 [ㄷ][ㅎ][ㅂ]이다.

▶ 온라인 대화 내용으로 알맞은 것에 ◯표를 하세요.

> 도원이와 친구들은 재미있게 본 (책 , 영화)에 대해 온라인 대화를 하고 있다.

▶ 태민이가 잘못한 점을 모두 골라 ◯표를 하세요.

너무 늦은 시간에 대화를 했다.	☐
줄임말과 비속어를 사용했다.	☐
다른 사람의 개인 정보를 함부로 올렸다.	☐

활동 태민이의 대화 중 우리말을 바르게 사용하지 않은 부분을 알맞게 고쳐 써 보세요.

오후 3:21   ㅇㅈ

오후 3:31   개웃기다.

친구와의 온라인 대화에서 주의할 점	• 주제에 관련된 내용을 말한다. • 비속어를 사용하지 않는다. • 상대방을 고려하여 줄임말을 사용하지 않는다. • 다른 사람의 개인 정보를 함부로 말하지 않는다.

2 블로그를 읽고 댓글 쓰기

청소년의 목소리 내기

청소년이 사회에 목소리를 내는 방법에는 어떤 것들이 있을까요? 블로그를 읽으며 청소년이 사회에 목소리를 내는 방법에 대해 알아보고, 이에 대한 자신의 생각을 댓글로 써 보세요.

🏠 같이 가치의 이야기 ×

← → C   ☑ ☆ 👤 ⋮

내 블로그 | 이웃 블로그 | 블로그 홈 [로그인] ▦

블로그 🔟 | 메모 | 안부

투표권을 넘어 청소년의 목소리 내기

👧 같이 가치   2000. 09. 29 14:11   URL 복사

선거는 민주주의의 꽃으로 표현되는 중요한 정치 참여 방법이에요. 그런데 청소년에게는 선거를 통해 정치에 참여할 수 있는 권리가 주어지지 않았어요. 그러다가 2019년 12월 공직선거법 개정안에서 선거권 연령이 만 19세에서 만 18세로 내려가면서 청소년에게도 선거에 참여할 수 있는 권리가 주어졌고, 2020년 4월 제21대 국회의원 선거에서 최초로 만 18세가 선거에 참여하게 되었지요. 2019년까지 OECD 가입국 중 만 19세 이상의 시민만이 선거권을 가졌던 나라는 우리나라뿐이었다고 해요.

한국보다 앞서 선거 연령을 낮춘 국가들 가운데 1970년부터 연방 의회 선거 연령을 만 18세 이상으로 낮춘 독일은 청소년들이 정치와 선거에 더 가까워지도록 하고, 어린이와 청소년에게도 목소리가 있다는 사실을 알리기 위해 'U18 모의 투표'를 실시하고 있어요.

'U18 모의 투표'란, 1996년 베를린의 한 청소년 클럽에서 시작되어 현재 독일 전역에서 선거 때마다 실시되는 청소년들의 모의 투표로, 참가 조건은 만 18세 미만의 선거권이 없는 국민이에요. 지역별로 청소년들이 학교 앞 또는 공원 등의 장소에 모여 각자의 개성을 담은 모의 투표소를 스스로 설치하고, 실제 선거가 열리기 9일 전 실제 선거와 똑같은 시간, 똑같은 용지에 소중한 한 표를 행사해요.

2020년 기준 전 세계 국가 대부분이 선거 연령 기준을 만 18세 이상으로 정하고 있지만, 여전히 만 18세 미만 청소년 대다수의 목소리는 소외되고 있어요. 그래서 청소년의 목소리를 세상에 전하기 위한 다양한 시도들을 하고 있지요.

2019년 경기도 내 31개 시군에서 활동 중인 '지역청소년교육의회'에 소속된 선거권이 없는 만 18세 미만의 청소년 1천여 명이 모여, '학생 참여형 수업 확대', '학생이 주도하는 학교 공간의 혁신', '학생 대표가 참여하는 학교운영위원회 운영' 등 새로운 정책을 제안한 결과 실제 교육 정책에도 만 18세 미만의 목소리가 반영되었다고 해요.

#청소년 #참정권 #18세선거 #청소년의회 #청소년참여위원회

같이 가치

우리 주변의 문제에 관심이 많은 초등학생입니다.

목록

전체 보기(71)

일상(20)
청소년 사회 참여(15)
독서 생활(36)

활동 정보 ▲

블로그 이웃 17명
글 보내기 3회
글 스크랩 4회

확인 이 내용이 담긴 디지털 매체는 [ㅂ] [ㄹ] [ㄱ] 이다.

▶ 우리나라의 선거권 연령은 몇 세 이상인지 알맞은 것에 ◯표를 하세요.

| 만 16세 | 만 18세 | 만 19세 |

▶ 각 나라의 청소년이 사회에 목소리를 내는 방법을 알맞게 선으로 이어 보세요.

| 독일 | ·　　　　　· | U18 모의 투표 |
| 대한민국 | ·　　　　　· | 지역청소년교육의회 |

활동 블로그 내용을 바탕으로 청소년이 사회에 목소리를 내는 방법에 대한 자신의 생각을 댓글로 써 보세요.

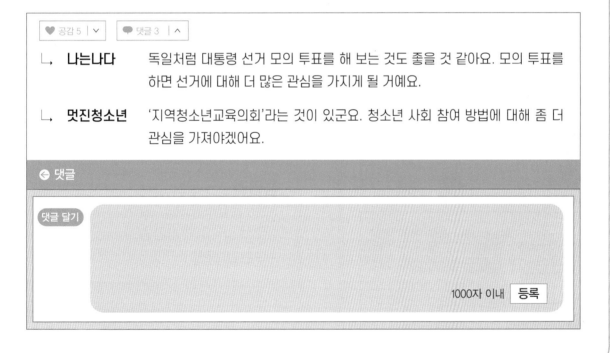

♥ 공감 5 | ∨　　💬 댓글 3 | ∧

ㄴ **나는나다**　독일처럼 대통령 선거 모의 투표를 해 보는 것도 좋을 것 같아요. 모의 투표를 하면 선거에 대해 더 많은 관심을 가지게 될 거예요.

ㄴ **멋진청소년**　'지역청소년교육의회'라는 것이 있군요. 청소년 사회 참여 방법에 대해 좀 더 관심을 가져야겠어요.

← 댓글

댓글 달기

1000자 이내　등록

**각국의
선거권 연령은?**

· 만 16세: 오스트리아, 브라질, 쿠바, 니카라과 등
· 만 17세: 인도네시아, 북한, 수단, 동티모르 등
· 만 18세: 대한민국, 미국, 독일, 영국, 프랑스, 호주, 뉴질랜드, 캐나다, 일본 등
· 만 20세: 바레인, 카메룬, 나우루, 대만 등

1 웹툰을 읽고 외국어를 우리말로 바꾸기

사랑해, 우리말

비니와 파니가 기자가 되어 환경에 대한 질문을 하고 있어요. 그런데 대화 속에 외국어가 많네요. 웹툰 〈사랑해, 우리말〉을 다시 읽고 대화 속에 나온 외국어를 우리말로 바꾸어 써 보세요.

웹툰에 어떤 외국어가 나오는지 살펴볼까요?

제로 웨이스트
- 뜻: 일상생활에서 불필요한 자원을 소비하지 않고 버리는 물건을 최소화하는 것을 목적으로 하는 환경 운동.
- 우리말: 쓰레기 없애기

에코백
- 뜻: 일회용 봉투의 사용을 줄여 환경을 보호하자는 취지로 만들어진 가방.
- 우리말: 친환경 가방

텀블러
- 뜻: 음료수를 마실 때 쓰는 굽과 손잡이가 없고 바닥이 편평한 컵.
- 우리말: 통컵

플로깅
- 뜻: 달리기를 하면서 쓰레기를 줍는 환경 운동.
- 우리말: [?]

확인 이 내용이 담긴 디지털 매체는 ㅇ ㅌ 이다.

▶ 웹툰에서 비니와 파니가 말하고 있는 주제로 알맞은 것에 ○표를 하세요.

| 환경 | 게임 | 운동 |

▶ 외국어를 우리말로 알맞게 바꾼 것을 선으로 이으세요.

| 제로 웨이스트 | • | • | 통컵 |

| 에코백 | • | • | 친환경 가방 |

| 텀블러 | • | • | 쓰레기 없애기 |

활동 여우 친구가 한 말 중 외국어 '플로깅'을 우리말로 바꾸어 써 보세요.

바꾸기 전

저는 이번 주말에 가족과 함께 플로깅을 할 계획이에요.

바꾼 후

**환경 문제 관련
외국어 더 알아보기**

• 리사이클링: 자원을 절약하고 환경 오염을 방지하기 위해 못 쓰게 된 물건을 재생하여 이용하는 것이다. 우리말 '재활용'으로 바꿀 수 있다.
• 업사이클링: '업그레이드'와 '리사이클링'을 합친 말로, 버려지는 제품에 디자인과 활용성을 더해 새 제품을 만드는 것이다. 우리말 '새활용'으로 바꿀 수 있다.

2 뉴스 방송 대본을 읽고 포스터 만들기

제노비스 신드롬을 아시나요?

저녁 뉴스에 어느 중학교에서 벌어진 학교 폭력에 관한 사건이 소개되었어요. 같은 반 친구들 간의 폭력도 무서운 일이었지만 더 놀라운 사실이 있었어요. 뉴스 방송 대본을 통해 어떤 일이 벌어졌는지 알아보고, 학교 폭력 예방 포스터를 만들어 보세요.

○○뉴스 학교 폭력에 지옥으로 변한 교실

오늘 낮 경기도의 한 중학교 교실에서 학교 폭력 사건이 발생했습니다. 그런데 병원에서 치료 중인 피해 학생의 상태가 매우 심각하다고 합니다. 어떻게 교실에서 이런 폭력 사태가 벌어졌는지 서준희 기자가 보도하겠습니다.

서준희 기자: 말씀하신 대로 오늘 낮 중학교의 한 교실에서 끔찍한 폭력 사건이 발생했는데요, 더욱 안타까운 것은 같은 반 친구들이 있는 가운데서 20분 이상 폭력이 이루어졌다는 것입니다.

아나운서: 20분이면 꽤 긴 시간인데 말린 친구들은 없었고요?

서준희 기자: 당시 교실에는 수업이 끝나고 같은 반 학생 10여 명이 남아 있었는데, 누구도 말리거나 신고를 하지 않았다고 합니다.

아나운서: 누구도 말리지 않았다고요? 소위 말하는 제노비스 신드롬으로 보이는군요.

서준희 기자: 그렇습니다. 제노비스 신드롬이란, 일반적으로 주위에 목격자가 많을수록 어려움에 처한 사람을 도와줄 확률이 낮아지는 것을 말합니다. 지켜보는 사람이 많으니까 내가 아니더라도 누군가 도움을 주겠지 하는 심리적 요인 때문이지요. 위기 상황에서 정확하게 책임질 사람이 없을 때 어떤 일이 일어나는가를 잘 보여 준 사건인데요, 우리 모두 주의 깊게 살펴야 할 부분인 것 같습니다.

아나운서: 학교 폭력, 모두의 책임이라는 인식의 변화가 시급해 보이는군요. 서준희 기자 수고했습니다.

확인 이 내용이 담긴 디지털 매체는 텔레비전 ㄴ ㅅ 이다.

▶ 뉴스에서 다루고 있는 사건은 무엇인지 알맞은 것에 ○표를 하세요.

중학교 교실에서 벌어진 학교 폭력

사이버 상에서 벌어진 중학생들의 언어 폭력

▶ 빈칸에 알맞은 말을 기사에서 찾아 쓰세요.

혼자 있을 때보다 주위에 사람이 많이 있을 때 어려움에 처한 사람을 도와줄 확률이 낮아지는 것을 ( ) 신드롬이라고 한다. 내가 아니더라도 누군가 도움을 주겠지 하는 심리적 현상으로, 방관자 현상 또는 구경꾼 현상이라고도 한다.

활동 뉴스에서 말하는 현상을 바탕으로 학교 폭력 예방 포스터를 완성해 보세요.

포스터 만드는 방법
• 주제를 정한다.
• 주제와 관련된 단어들을 떠올려 본다.
• 자료를 수집한다.
• 주제가 잘 드러나게 글과 그림으로 표현한다.

3회
문화

1 블로그를 읽고 여행 계획 세우기

영국으로 가자!

축구를 좋아하는 민형이는 인터넷 백과사전, 블로그, SNS에서 영국 여행에 필요한 여러 자료들을 찾아보고, 자신의 블로그에 정리했어요. 민형이의 블로그 내용을 참고하여 여행할 곳을 마인드맵으로 정리해 보세요.

🏠 민형이의 여행 이야기 ✕

내 블로그 | 이웃 블로그 | 블로그 홈 로그인

블로그 | 메모 | 안부

민형이의 여행 자료

민형
Min_02
축구광 초등학생입니다.

민형 2000. 10. 09 17:33 URL 복사

영국의 축구 경기장

웸블리 스타디움

위치: 영국 런던
수용 인원: 9만 명

잉글랜드 축구 국가대표 팀이 사용하는 축구 경기장. 육상 경기나 공연장으로도 사용된다. 경기장 지붕의 일부분을 열고 닫을 수 있는 돔 형식이고, 큰 아치 모양의 구조물이 있는 것이 특징이다.

스템포드 브릿지

위치: 영국 런던
수용 인원: 약 4만 명

1877년에 처음 만들어진 역사가 깊은 축구 경기장. 런던 풀럼에 있으며, 경기장 투어 프로그램이 있다.

올드 트래퍼드

위치: 영국 맨체스터
수용 인원: 약 7만 6천 명

유럽 축구 연맹이 선정한 별 5개의 경기장으로, 시설이 좋아서 '꿈의 구장'으로 불린다. 전시실을 둘러볼 수 있고, 경기장 투어 프로그램이 있다.

목록
─────────────
전체 보기(63)
─────────────
나의 하루(26)
─────────────
관심거리(37)
  ㄴ 축구
  ㄴ 책
  ㄴ 여행

확인 이 내용이 담긴 디지털 매체는 ㅂ ㄹ ㄱ 이다.

교통편

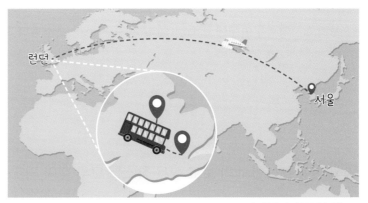

우리나라에서 런던으로 갈 때

❶ 인천 국제 공항 ↔ 런던 히드로 공항
  (직항, 약 11~12시간)

❷ 인천 국제 공항 ↔ 파리 샤를 드 골 공항 ↔
  런던 히드로 공항 (파리 경유, 약 15~16시간)

런던에서 이동할 때

❶ 버스나 지하철을 이용함.

❷ 걸어다닐 수도 있음.

볼거리, 먹을거리

웨스트민스터 사원

왕위를 물려주는 대관식이나 장례식 등 영국 왕실의 여러 가지 중요한 행사가 열리는 곳이다. 건물이 매우 크고 화려하며, 유네스코 세계 유산으로 지정되었다.

버킹엄 궁전

영국의 왕이나 여왕이 사는 궁전이다. 거대한 규모의 화려한 궁전으로, 궁전 앞에서 벌어지는 전통 복장의 근위병 교대식은 여행객들이 꼭 들리는 관광지로 유명하다.

피시 앤 칩스

생선 튀김에 감자튀김을 함께 먹는 영국의 대표적인 음식이다. 주로 대구나 가자미, 명태와 같은 흰살 생선으로 만들고, 소금이나 레몬, 다양한 소스, 케첩 등을 곁들여 먹는다.

#영국 #영국여행 #축구경기장 #영국축구팀

이웃 블로거 ▲

새 그룹

활동 정보 ▲

블로그 이웃 11명
글 보내기 0회
글 스크랩 3회

**영국을
대표하는 음식**

흔히 영국에는 맛있는 음식이 없다고 한다. 하지만 영국에서 피시 앤 칩스를 맛보고 나면 분명 그 생각이 달라질 것이다. 샌드위치도 영국 사람들이 즐겨 먹는 음식 가운데 하나이다. 또 영국 사람들은 홍차도 즐겨 마신다. 나른한 오후에 홍차를 마시는 영국 사람들의 모습을 흔하게 볼 수 있다.

▶ 민형이의 여행 자료를 보고 알 수 있는 내용에 ○표를 하세요.

민형이는 (프랑스 , 영국) 여행에 필요한 여러 가지 자료를 조사했다.

▶ 민형이가 영국 여행을 하면서 가 보고 싶은 장소를 모두 찾아 기호를 쓰세요.

㉮ ▲ 버킹엄 궁전

㉯ ▲ 에펠탑

㉰ ▲ 스템포드 브릿지

㉱ ▲ 콜로세움

▶ 민형이가 조사한 여행 자료의 내용으로 알맞은 것을 모두 골라 ○표를 하세요.

영국 여행을 갈 때는 런던 히드로 공항을 이용할 수 있다.

피시 앤 칩스는 생선 튀김과 감자튀김을 함께 먹는 영국을 대표하는 음식이다.

웸블리 스타디움은 런던에 있는 축구 경기장으로, 시설이 매우 좋아서 '꿈의 구장'으로 불린다.

활동 민형이는 여행 계획표를 짜기에 앞서 꼭 가 보고 싶거나 해 보고 싶은 일을 마인드맵으로 정리해 보았습니다. 블로그 내용을 바탕으로 하여 영국 여행에서 하고 싶은 일을 마인드맵으로 정리해 보세요.

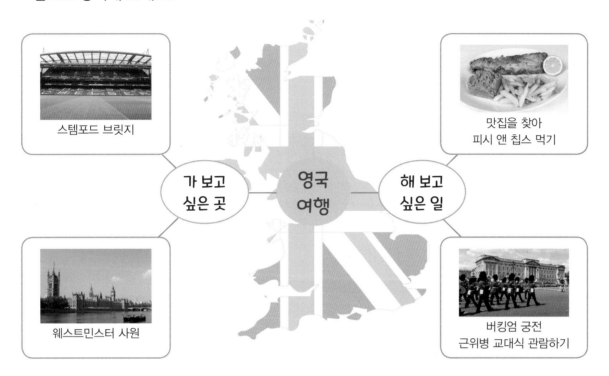

스템포드 브릿지

맛집을 찾아
피시 앤 칩스 먹기

가 보고
싶은 곳

영국
여행

해 보고
싶은 일

웨스트민스터 사원

버킹엄 궁전
근위병 교대식 관람하기

영국
여행

② 인터넷 뉴스를 읽고 카드 뉴스 만들기

달이 녹슬고 있다고?

수십억 년째 지구의 주변을 돌고 있는 달이 녹슬고 있대요. 밤하늘에 밝게 빛나고 있는 달이 녹슨다는 것은 무슨 뜻일까요? 녹슬고 있는 달과 관련된 인터넷 뉴스를 읽고 카드 뉴스를 완성해 보세요.

NEWS | **과학** | 정치 | 스포츠 | TV연예 | 날씨   +

'녹슬고 있는 달' … 지구의 영향이 커

강민주 기자   수정 20○○-10-09 15:47:12 | 조회 52

달이 지구의 산소 때문에 녹슬고 있다는 연구 결과가 발표되었다. 지구에서 달로 날아간 산소가 달에 있는 물과 달 표면의 철을 만나서 녹이 슬었다는 것이다.

2008년 인도의 달 탐사선 찬드라얀 1호는 달 주변을 돌면서 달의 표면을 탐사하여 달 표면의 광물을 채취하였다. 이 자료를 연구하던 과학자들은 이상한 점을 발견했다. 철 성분과 산소가 만나 녹이 슬면서 만들어지는 적철석이 달의 광물 중에서 발견된 것이다. 달에는 산소와 물이 거의 없기 때문에 적철석이 발견되었다는 사실은 논란이 되었다. 이상한 점은 또 있었다. 적철석이 지구와 마주보는 달의 앞면에서 주로 발견된다는 것이다. 달은 항상 지구와 마주보고 있는데 앞면이 주로 녹슨다는 것은 적철석이 지구와 관련이 있다는 것을 뜻하기 때문이다.

그 후로 과학자들은 오랜 연구 끝에 달이 녹슬고 있는 것은 지구에서 날아온 산소와 달에 있는 얼음에서 만들어진 물이 달 표면의 철 성분과 만났기 때문이라고 발표했다.

태양과 지구, 달이 일직선이 될 무렵 지구의 산소는 달까지 전달될 수 있는데, 이때 달에 있는 얼음에서 만들어진 약간의 물과 달 표면의 철 성분이 만나서 녹이 슨다는 것이다. 이런 현상이 일이 년이 아니라 수십억 년 동안 일어났다면 달 표면이 녹스는 것은 가능한 일이다.

이번 연구 결과는 지구와 달의 관계를 알아 가는 데 많은 도움이 된다. 한 전문가에 따르면 이번 연구 결과로 "달이 생겨난 이후로 계속 지구의 영향을 받았다는 것을 알 수 있다."고 하였다.

확인 이 내용이 담긴 디지털 매체는 인터넷 ⌐ ㅅ 이다.

▶ 인터넷 뉴스에 나타난 연구 결과의 내용으로 알맞은 것에 ○표를 하세요.

달이 지구의 철 때문에 녹슬고 있다.	

지구와 마주보지 않는 달의 뒷면이 주로 녹슬고 있다.	

태양과 지구, 달이 일직선이 될 무렵 지구의 산소는 달까지 전달될 수 있다.	

▶ 달 표면을 녹슬게 만드는 데 필요한 것을 모두 골라 ○표를 하세요.

철　　　산소　　　물　　　불　　　바람

활동 인터넷 뉴스 내용을 바탕으로 카드 뉴스를 완성해 보세요.

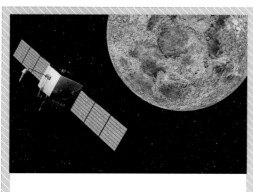

달이 지구의 산소 때문에
녹슬고 있다는 연구 결과가
발표되었다.

과학자들은 달이 녹슬고 있는 이유가

때문이라고 하였다.

**태양, 지구, 달이
일직선이 될 때,
월식**

태양, 지구, 달이 순서대로 놓여서 달이 지구의 그림자에 가려지는 현상을 월식
이라고 한다. 월식이 진행되는 처음에는 달이 조금씩 오목하게 파이면서 줄어들
다가 나중에는 달이 완전히 가려진다. 그리고 다시 조금씩 보이면서 원래의 모양
이 된다. 이렇게 월식일 때에는 지구의 산소가 달까지 전달되기도 한다.

1 인터넷 백과사전을 읽고 인터넷 게시판에 글 쓰기

생텍쥐페리의 마지막 비행

《어린 왕자》의 작가 생텍쥐페리는 비행사였다고 해요. 인터넷 백과사전에서 찾은 생텍쥐페리의 일생을 살펴보고, 인터넷 게시판에 작가이자 비행사였던 생텍쥐페리의 마지막 비행에 대해 소개하는 글을 써 보세요.

ⓔ 똑똑백과사전 　　　　　　　　　Ｑ　　　　　　　　사전 소개 ｜ 연표

생텍쥐페리 (1900~1944년)

하늘을 날고 싶었던 어린 생텍쥐페리는 열두 살에 비로소 비행기에 탑승할 수 있었다. 그 이후 조종사의 꿈을 갖게 된 그는 스무 살에 공군에 입대해 비행기를 수리 하는 일을 하다가 스물한 살 때 1시간 20분의 연습 만에 조종사 면허를 취득하였다. 그러나 비행기 사고로 두개골이 파열되는 일을 겪었고, 하늘을 날겠다는 꿈을 접지 않아 약혼녀와 파혼까지 하게 되었다. 결국 그는 비행에 대한 꿈을 접고 타일 제조회사의 사원, 제품 검사원, 자동차 공장 사원직 등을 전전하였다.

스물여섯 살, 그는 다시 꿈을 이루기 위해 민간 항공사에 들어가 생명의 위험이 따르는 야간 우편 비행을 시작하면서 순탄치 않은 비행 생활이 시작되었다. 사막 한가운데로 발령되어 불시착한 비행기 수리와 조난당한 비행사 구조 임무를 맡기도 하였고, 상금이 걸린 비행에 도전했다가 리비아 사막에 불시착하여 닷새 만에 구조되는 일도 있었다. 그리고 과테말라 상공에서 비행기 폭발 사고로 두개골과 좌측쇄골이 파열되는 등 큰 부상을 입기도 하였다. 그러나 또 다시 비행을 하여 전투조종사로 복무하다가 마흔세 살에 연령 제한으로 조종사 자격이 박탈되었다.

그럼에도 불구하고 그는 자신의 비행에 대한 꿈을 놓지 않았다. 마흔네 살, 제2차 세계대전 중 비행대장을 끈질기게 설득하여 마침내 5회 비행을 허락받아, 최고령 조종사로 출격하였다. 하지만 마지막 출격 명령이 내려진 1944년 아침 8시 30분, 하늘로 향한 비행기는 연료 소진 시간인 8시간이 지나도 땅으로 돌아오지 않았다. 최고령 조종사의 실종 소식을 접한 사람들은 그가 어린 왕자를 찾아 떠나갔다고 하였다.

생텍쥐페리는 실종 1년 전 소설 《어린 왕자》를 집필하였다.

어린 왕자는 돌 위에 앉아 하늘을 올려다보았다.
"별은 왜 빛날까요? 언젠가 우리 모두 자신의 별을 찾을 수 있도록
별이 빛을 보내고 있는 게 아닐까요?
내 별을 봐요. 저기 바로 우리 위에 떠 있어요."

확인 이 내용이 담긴 디지털 매체는 인터넷 [ㅂ][ㄱ][ㅅ][ㅈ] 이다.

▶ 작가 생텍쥐페리의 또 다른 직업은 무엇이었는지 ○표를 하세요.

| 작곡가 | 비행사 | 정원사 |

▶ 생텍쥐페리에게 일어난 일의 순서에 맞게 번호를 쓰세요.

《어린 왕자》를 집필하였다. ☐

공군에 입대해 비행기를 수리하는 일을 하였다. ☐

비행에 나가 연료 소진 시간인 8시간이 지나도 돌아오지 않았다. ☐

민간 항공사에 들어가 야간 우편비행을 시작하였다. ☐

활동 인터넷 백과사전에서 찾은 내용을 바탕으로 인터넷 게시판에 작가 생텍쥐페리의 마지막 비행에 대해 소개하는 글을 써 보세요.

자유 게시판

제목:

🖼 📎 🎥 📖 ☑ ❓ 전체 공개 ▼ 올리기

《어린 왕자》에 대하여 알아보기

• 생텍쥐페리가 1935년 비행 도중 사하라 사막에 불시착하였다가 기적적으로 구출된 경험에서 영감을 얻어 쓴 소설이다.
• 사막에 불시착한 비행사인 '나'와 어린 왕자의 만남을 통해 다른 사람과 관계를 맺는 것에 대한 의미를 아름답게 보여 준다.

2 인터넷 뉴스와 뉴스 방송 대본을 읽고 온라인 대화 하기

날씨가 추워졌어요

전국의 기온이 갑자기 초겨울 기온으로 뚝 떨어졌어요. 인터넷과 텔레비전의 일기예보에서 전국의 오늘 날씨에 대해 알려 주었어요. 두 매체의 일기예보를 보고 온라인 대화방에 알맞은 내용을 써 보세요.

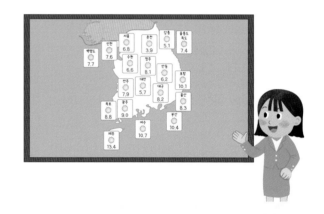

아직 10월이지만 초겨울 날씨가 성큼 다가 왔습니다. 오늘 전국의 아침 기온이 0~7도로 크게 떨어지며 17년 만의 때 이른 추위가 찾아오겠습니다. 북서쪽에서 찬 공기가 내려오면서 전국의 기온이 큰 폭으로 떨어지겠습니다.

아침 최저 기온은 서울이 0도, 광주 3도, 대구 3도이고, 낮 최고 기온은 서울 11도, 광주 13도, 대구 14도가 될 예정입니다. 바람도 강하게 불어 체감 온도는 더 춥겠습니다.

특히 낮과 밤의 기온 차이가 10~16도로 매우 크겠습니다.

갑자기 추워진 날씨에 감기에 걸리지 않도록 건강 관리에 조심하시기 바랍니다.

확인 이 내용이 담긴 디지털 매체는 인터넷 ㄴ ㅅ 와 텔레비전 뉴스이다.

1
주차

▶ 일기예보를 보고 알 수 있는 내용에 ○표를 하세요.

> 오늘은 어제보다 (기온 , 강수량)이 많이 떨어졌다.

▶ 알맞게 선으로 이으세요.

| 인터넷 일기예보 | · | | · | 읽는 사람의 의견을 댓글로 볼 수 있다. |

| 텔레비전 일기예보 | · | | · | 글보다는 소리와 영상으로 정보를 전달한다. |

활동 두 매체에서 본 일기예보 내용을 바탕으로 하여 친구에게 오늘의 날씨에 알맞은 옷을 추천하는 내용을 써 보세요.

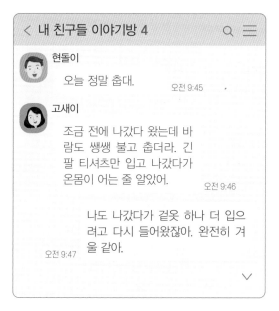

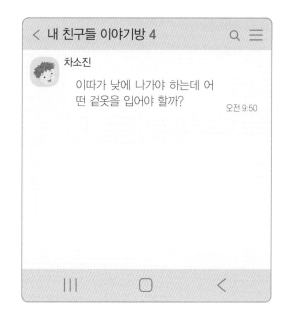

인터넷 뉴스
vs
텔레비전 뉴스

텔레비전 뉴스는 주로 소리와 영상을 통해 다수의 사람들에게 정보를 전달하지만 일방적인 전달에 그치는 반면, 인터넷 뉴스는 정보의 복사와 수정이 쉽고 댓글 등을 통해 소통이 가능하다.

1 스토리보드를 읽고 표어 만들기

SNS에서도 예절을 지켜요

스마트폰을 사용하는 사람들이 많아지면서 우리 생활에서 SNS 예절이 중요해졌어요. 정민이는 공익 광고를 만들기 위한 스토리보드를 정리했어요. 각 장면들을 보고 SNS 예절에 대한 표어를 만들어 보세요.

#1

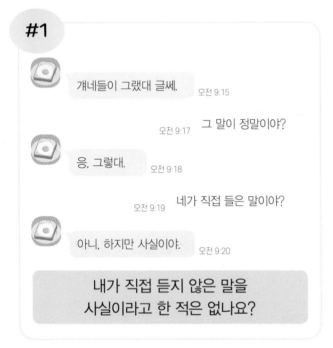

개네들이 그랬대 글쎄. 오전 9:15

그 말이 정말이야? 오전 9:17

응, 그렇대. 오전 9:18

네가 직접 들은 말이야? 오전 9:19

아니, 하지만 사실이야. 오전 9:20

내가 직접 듣지 않은 말을
사실이라고 한 적은 없나요?

#2

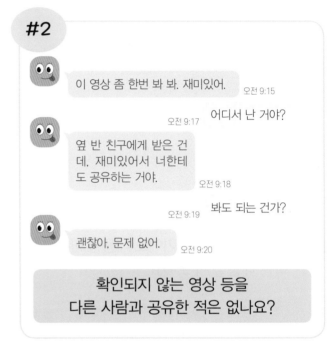

이 영상 좀 한번 봐 봐. 재미있어. 오전 9:15

어디서 난 거야? 오전 9:17

옆 반 친구에게 받은 건데, 재미있어서 너한테도 공유하는 거야. 오전 9:18

봐도 되는 건가? 오전 9:19

괜찮아, 문제 없어. 오전 9:20

확인되지 않는 영상 등을
다른 사람과 공유한 적은 없나요?

#3

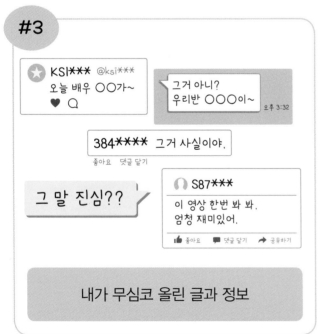

★ KSI*** @ksi***
오늘 배우 ○○가~
♥ ◯

그거 아니?
우리반 ○○○이~ 오후 3:32

384**** 그거 사실이야.
좋아요   댓글 달기

그 말 진심??

◯ S87***
이 영상 한번 봐 봐.
엄청 재미있어.
👍 좋아요   💬 댓글 달기   ➜ 공유하기

내가 무심코 올린 글과 정보

#4

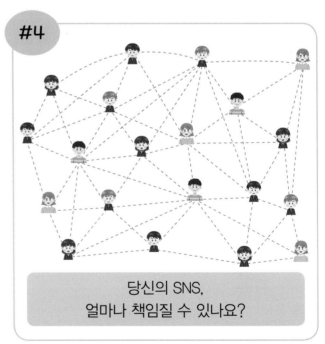

당신의 SNS,
얼마나 책임질 수 있나요?

확인 이 내용이 담긴 디지털 매체는 공익 ⌐ ⌐ 로, 이 글은 광고를 만들기 위한 스토리보드이다.

1
주차

▶ 정민이가 만들려는 공익 광고의 주제로 알맞은 것에 ○표를 하세요.

SNS 예절	방송 예절	식사 예절

▶ 각 장면에서 제시한 문제점입니다. 알맞은 말에 ○표를 하세요.

- 내가 직접 확인하지 않은 내용을 다른 사람에게 (함부로 , 직접 확인하고) 말했다.
- 확인되지 않은 영상을 (퍼 나르는 , 차단하는) 행동을 했다.
- 무심코 글과 정보를 올렸다.

활동 SNS 예절에 대해 알리는 표어를 만들어 보세요.

SNS는 또 하나의 나입니다 거짓 없이 보여 주어요	

**SNS 예절
바로 알기**

- 내가 직접 확인하지 않은 내용은 다른 사람에게 함부로 말하지 않는다.
- 확인되지 않은 영상을 퍼 나르는 행동은 옳지 않다.
- 무심코 올린 글과 정보는 다른 사람에게 피해를 줄 수 있으므로 주의한다.

2 광고를 읽고 각 광고의 특징 정리하기

책 광고를 보아요

학급 도서 부장인 유민이가 학급 도서를 구입하기 위해 여러 가지 광고를 보다가 같은 책을 소개한 인쇄 광고와 모바일 광고를 보게 되었어요. 유민이가 본 광고들은 어떠한 특징이 있는지 살펴보고, 각 광고의 특징을 써 보세요.

● 인쇄 광고

● 모바일 광고

확인 이 내용이 담긴 디지털 매체는 ㄱㄱ 이다.

▶ 유민이가 본 광고의 종류를 모두 찾아 ○표를 하세요.

| 인쇄 광고 | 모바일 광고 | 텔레비전 광고 |

▶ 인쇄 광고의 특징으로 알맞은 것에 ○표를 하세요.

| 책에 대한 자세한 정보를 쉽게 얻을 수 있다. | ☐ |

| 스마트폰만 있으면 언제 어디서든 광고를 볼 수 있다. | ☐ |

| 인상적인 이미지를 제시하고, 기억에 남을 만한 문구를 활용했다. | ☐ |

활동 유민이가 본 인쇄 광고와 모바일 광고의 특징을 정리해 보세요.

인쇄 광고	모바일 광고
인상적인 이미지를 제시하고, 기억에 남을 만한 문구를 썼다.	

**인쇄 광고
VS
모바일 광고**

- 인쇄 광고는 문자, 사진, 그림을 이용해 인상적인 이미지를 제시하고, 기억에 남을 만한 문구를 활용하여 광고한다.
- 모바일 광고는 동영상, 문자, 음향 등을 이용해 시청각적으로 강렬한 인상을 주고, 터치 등의 참여 유도와, 팝업창 등을 활용하여 광고한다.

1 친구와 온라인 대화를 할 때 주의할 점으로 알맞지 <u>않은</u> 것은 무엇인가요? (   )

① 비속어를 사용하지 않는다.

② 대화 주제와 관련된 내용을 말한다.

③ 상대방을 고려하여 줄임말을 사용하지 않는다.

④ 다른 사람의 개인 정보를 함부로 말하지 않는다.

⑤ 친근감의 표현으로 또래 친구들끼리 쓰는 말만 사용한다.

2 다음 설명에 알맞은 매체에 〇표를 하세요.

> 청소년의 사회 참여 방법에 대한 같이 가치의 글이나 민형이의 여행 자료처럼 직접 글을 쓰면서 생각이나 정보를 모아 둘 수 있고, 사진이나 음악, 영상 등을 활용하여 글을 쓸 수 있는 것은 (블로그 , 인터넷 백과사전)이다.

3 다음과 같은 매체에 대해 알맞게 말한 친구의 이름을 쓰세요.

> 유나: 알고 싶은 정보를 찾을 수 있는 인터넷 백과사전이야.
> 서연: 글이나 영상으로 전하려는 내용을 표현한 블로그야.
> 민형: 그림과 인물의 대사로 내용을 전달하는 웹툰이야.

(   )

4 다음 매체에 대한 설명입니다. 빈칸에 들어갈 알맞은 말을 쓰세요.

> 오늘 낮 경기도의 한 중학교 교실에서 학교 폭력 사건이 발생했습니다. 그런데 병원에서 치료 중인 피해 학생의 상태가 매우 심각하다고 합니다. 어떻게 교실에서 이런 폭력 사태가 벌어졌는지 서준희 기자가 보도하겠습니다.

> 동시에 많은 사람에게 전할 수 있는 (   ) 뉴스로, 소리와 영상으로 정보를 전달하고 있다.

(   )

5 인터넷 뉴스의 특징으로 알맞은 것은 무엇인가요? (   )

① 뉴스를 전송한 시간을 알 수 없다.
② 전송된 뉴스의 내용은 수정할 수 없다.
③ 짧은 글로 글쓴이의 생각이 표현되어 있다.
④ 여러 사람에게 영상으로만 정보를 전달한다.
⑤ 댓글을 통해 뉴스 내용에 대한 다른 사람의 의견을 알 수 있다.

6 다음과 같이 필요한 정보를 찾을 수 있는 매체는 무엇인가요? (   )

> ⓔ 똑똑백과사전 　　　　Q　　　　사전 소개 ┃ 연표　☰
>
> # 생텍쥐페리 (1900~1944년)
>
> 하늘을 날고 싶었던 어린 생텍쥐페리는 열두 살에 비로소 비행기에 탑승할 수 있었다. 그 이후 조종사의 꿈을 갖게 된 그는 스무 살에 공군에 입대해 비행기를 수리 하는 일을 하다가 스물한 살 때 1시간 20분의 연습 만에 조종사 면허를 취득하였다. 그러나 비행기 사고로 두개골이 파열되는 일을 겪었고, 하늘을 날겠다는 꿈을 접지 않아 약혼녀와 파혼까지 하게 되었다. 결국 그는 비행에 대한 꿈을 접고 타일 제조회사의 사원, 제품 검사원, 자동차 공장 사원직 등을 전전하였다.
>
> 스물여섯 살, 그는 다시 꿈을 이루기 위해 민간 항공사에 들어가 생명의 위험이 따르는 야간 우편 비행을 시작하면서 순탄치 않은 비행 생활이 시작되었다. 사막 한가운데로 발령되어 불시착한 비행기 수리와 조난당한 비행사 구조 임무를 맡기도 하였고, 상금이 걸린 비행에 도전했다가 리비아 사막에 불시착하여 닷새 만에 구조되는 일도 있었다. 그리고 과테말라 상공에서 비행기 폭발 사고로 두개골과 좌측쇄골이 파열되는 등 큰 부상을 입기도 하였다. 그러나 또 다시 비행을 하여 전투조종사로 복무하다가 마흔세 살에 연령 제한으로 조종사 자격이 박탈되었다.

① 블로그　　　　　② 인터넷 뉴스　　　　　③ 온라인 대화방
④ 인터넷 게시판　　　⑤ 인터넷 백과사전

7

왼쪽 광고에 대한 설명으로 알맞지 <u>않은</u> 것은 무엇인가요?

(   )

① 책을 소개하는 광고이다.
② 영상으로 구성되어 있다.
③ 기억에 남을 만한 문구를 활용하였다.
④ 글과 그림으로 재미있게 표현하였다.
⑤ 무엇에 대해 알리고 있는지 알 수 있다.

아빠랑 여행 가요!

나 좀 살려 줘요!

쉬는 시간이었어요.

반 아이들은 떠들고 까불면서 노느라 바빴지요. 그렇지만 유독 한 아이, 준현이는 꼼짝 않고 자리에 앉아서 열심히 무언가를 하고 있었지요.

"야, 너 뭐 하냐?"

옆자리의 승주가 건너다보며 물었어요. 준현이가 쉬는 시간마다 무언가를 열심히 하는 모습을 보고 뭘 하는지 궁금했던 모양이었어요.

"보면 모르냐? 학원 숙제 하는 중이잖냐."

준현이는 대답을 하면서도 숙제를 하는 손길을 멈추지 않았어요. 새벽 두 시까지 숙제를 하다가 어느 결에 잠이 들었는지 책상에서 눈을 떴어요. 그러다 보니 미처 다 하지 못한 학원 숙제를 학교에 들고 온 것이지요. 학교 수업이 끝나면 곧바로 학원에 가서 10시까지 수업을 들어야 하거든요.

결국 다 못한 학원 숙제를 할 시간은 쉬는 시간밖에는 없었지요. 그러고도 준현이의 고된 일정은 끝나지 않아요. 밀린 학원 숙제며 학습지 숙제가 차곡차곡 쌓여 있기 때문이지요.

"숙제가 그렇게 많아? 너 쉬는 시간마다 그거 하는 거 같던데."

승주가 그동안 어지간히 궁금했던 모양이었어요.

"야, 바빠, 바빠. 말 시키지 마."

준현이는 부지런히 숙제를 하면서 퉁명스럽게 대답했어요.

준현이는 숙제를 안 해 가서 학원 선생님께 혼나는 것이 무섭고 두려웠어요. 그 일은 고스란히 엄마한테 알려져서, 집에 가면 엄마한테 또 혼나거든요. 한 주 내내 학교 가고, 학원 가고, 학습지 하고, 숙제하는 것이 일상이었어요. 정말 고단하고 지겹고 힘이 들었어요.

준현이는 늘 빠듯하게 생활하다 보니 학교에서도 학원에서도 집에서도 늘 졸리고 멍했어요. 엄마가 짜 준 공부 일정은 정말 미칠 정도로 힘들었지요. 그렇다고 안 할 수도 없으니 하루하루 숨차게 살아갈 뿐이었어요.

학교 수업을 마친 준현이는 교문 앞에서 학원 차를 기다리고 있었어요. 그때 집에 가는 승주를 또 만났지요.

"너, 집에 안 가고 뭐 해?"

승주가 물었어요.

"보면 모르냐? 학원 차 오기를 기다리잖아?"

자칫 학원 차를 놓칠까 봐 말을 하는 중에도 준현이의 눈은 차가 오는 쪽으로 향해 있었어요.

"무슨 학원 가는데?"

"오늘은 종합학원. 거기서 국어, 수학, 사회, 과학을 배워."

"휴, 그러면 내일은?"

"월수금엔 종합학원 가고, 화목엔 영어 학원 다니고, 학습지 선생님도 오셔.
주말에는 수영 강습이랑 바이올린 레슨."

"학습지는 뭐하는데?"

"대충 다 해. 국어, 수학, 사회, 과학, 영어!"

준현이의 대답을 들은 승주가 고개를 절레절레 흔들었어요.

"준현아, 너 안 힘드냐? 뭐 그렇게 많이 하냐?"

승주는 집에서 학습지만 세 과목 공부하는데 하루에 아홉 장씩 학습지를 풀
고 나면 자유 시간이라고 했어요. 숙제만 마치고 나면 나머지 시간엔 동영상
도 보고 게임도 하고, 가끔 나가서 축구도 한다면서요.

"어휴, 넌 좋겠다. 난 숙제 하느라 놀 시간도 없는데……. 어제도 새벽 두
시까지 숙제했다고. 정말 힘들어 죽겠어."

"그렇게 힘들면 학원을 좀 줄여 달라고 그래. 그럼 되잖아?"

준현이는 학원을 안 다니는 승주가 못내 부러웠어요. 자기도 승주처럼 학원 다 안 다니고, 학습지 몇 개만 했으면 좋겠다는 생각도 들었지요. 사실은 아무 것도 하고 싶지 않았어요. 늘 학교, 학원, 학습지, 숙제에 치여 사는 것이 정말 피곤하고 힘들었어요. 단 하루라도 학원이나 학습지 숙제에서 벗어나고 싶었 지요.

승주와 헤어지고 학원 차에 탄 준현이는 자리에 앉자마자 그대로 잠들었어 요. 기사 아저씨가 학원에 다 왔다고 준현이를 흔들어 깨워서 간신히 졸린 눈 을 비비며 차에서 내렸지요.

준현이는 오늘따라 학원 수업에 집중하지 못했어요. 자꾸 졸려서 눈이 감겼 고, 수업 내용은 잘 알아듣기 힘들었어요. 학원 진도가 워낙 빠르다 보니 내용 을 알아듣기 힘든 것도 많았지요. 게다가 쉬는 시간까지 모두 반납하며 열심 히 한 수학 숙제를 선생님은 괴발개발 해 왔다고 혼내셨지요. 수학 선생님이 원장 선생님한테 무슨 말씀을 한 모양이었어요. 학원 원장 선생님이 상담을 하자고 준현이를 불렀어요.

"준현아, 아까 수학 선생님이 너 요즘 수업에 집중 못하고, 숙제도 성의 없 이 해 온다고 하시던데……. 요즘 무슨 일 있니?"

"그런 거 아니에요. 학원 숙제가 너무 많아서 피곤하고 힘들어서 그래요."

준현이는 땅이 꺼져라 한숨을 쉬었어요. 자기는 열심히 한다고 하는데, 결 과는 늘 엉망인 것 같아서 속상했지요.

이어지는 내용은 66쪽에 >>>

그날 준현이는 학원을 너무 많이 다녀서 힘들고,

쉬는 시간은커녕 숙제를 하느라고 잠도 제대로 못 자서 멍하다는 이야기를 했어요.

학원 같은 거만 안 다니면 자기가 지금처럼 불행하지는 않을 거라고요.

— 가치 동화 〈아빠랑 여행 가요!〉 중에서 —

2 주차

회		제목	학습 계획일	
1	생활	1 우리 반 패션 발표회	월	일
	사회	2 무주 반딧불 축제	월	일
2	과학	1 폐의약품 이렇게 처리해요	월	일
	인물	2 화가 이중섭	월	일
3	사회	1 픽토그램의 문제점	월	일
	문화	2 단오	월	일
4	과학	1 생명을 지켜 주는 비율	월	일
	과학	2 코로나19와 거리 두기	월	일
5	사회	1 길고양이 캣맘 논란	월	일
	사회	2 선거를 해요	월	일
		확인 문제		
		가치 동화 [행복] 아빠랑 여행 가요! ②		

1 온라인 대화를 읽고 주제에 알맞게 대화 하기

우리 반 패션 발표회

지수네 반은 직업 활동 시간에 패션 디자이너에 대한 수업을 했어요. 그리고 다음 달에 패션 발표회를 열어 모둠별로 발표하기로 했지요. 지수네 모둠이 나눈 대화 내용을 읽고, 발표회를 위해 만들 옷에 대한 자신의 생각을 써 보세요.

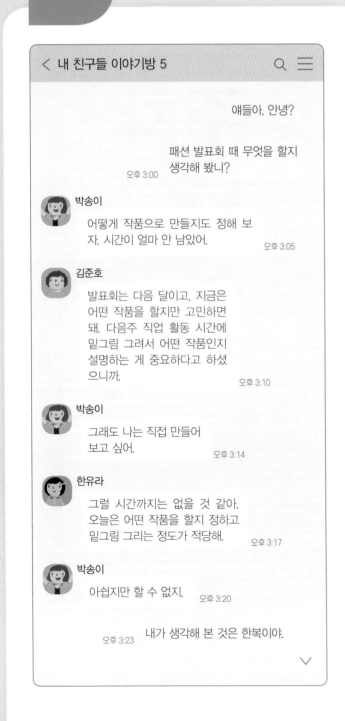

확인 이 내용이 담긴 디지털 매체는 온라인 ⬚ ⬚ ⬚ 이다.

▶ 온라인 대화방에서 나눈 대화 내용에 ○표를 하세요.

우리 반 패션 발표회 준비	
우리 반 미술 전시회 준비	

▶ 온라인 대화방에서 다른 사람의 의견을 비판만 한 친구를 골라 ○표를 하세요.

박송이	한유라	김준호	정운기

활동 온라인 대화방에서 나눈 대화 내용을 보고, 패션 발표회를 위해 어떤 옷을 만들면 좋을지 자신의 생각을 써 보세요.

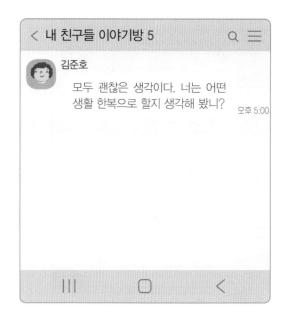

**온라인 대화방을
이용할 때 주의할 점**

온라인 대화방은 다양한 목적으로 정보와 이야기를 나눌 수 있다는 좋은 점이 있지만, 온라인 대화방에서 대화를 나눌 때에는 예절을 지키며 다른 사람에게 상처를 주지 않도록 해야 한다.

2 웹툰과 블로그를 읽고 광고 만들기

무주 반딧불 축제

태리네 가족은 무주에서 열리는 반딧불 축제를 다녀왔어요. 인터넷에서 본 반딧불 축제 포스터와 블로그를 읽고 반딧불 축제가 궁금해졌거든요. 축제 홍보 포스터와 블로그의 글을 읽고 무주 반딧불 축제를 알리는 광고를 만들어 보세요.

확인 이 내용이 담긴 디지털 매체는 [ㅇ][ㄷ] 과 블로그이다.

반딧불이를 만나요

개똥벌레　20○○. 08. 26. 19:25　　　　　　　URL 복사

무주에서는 8월 말에서 9월 초 사이에 반딧불이를 소재로 반딧불 축제를 엽니다.

반딧불이는 약 1.5cm 정도의 작은 곤충으로 흔히 개똥벌레라고도 부릅니다. 반딧불이는 위험을 알리거나 짝을 찾기 위한 신호로 배의 끝마디에서 빛을 낸다고 합니다. 반딧불이의 배 부위에 빛을 내는 특수한 발광 세포가 있어서 가능한 일이지요.

반딧불이는 환경 지표종

환경 지표종이란 환경 오염과 같은 외부 환경 변화에 민감하게 반응하는 생물을 말합니다. 따라서 반딧불이가 사는 무주는 그만큼 청정한 지역이라는 뜻이지요.

무주 반딧불 축제에서는 반딧불이 생태와 관련한 다양한 행사를 즐길 수 있습니다. 생태 체험관에서는 반딧불이가 알에서 애벌레인 유충, 번데기 과정을 거친 다음 다 자란 어른 벌레인 성충이 되는 반딧불이의 한살이도 살펴볼 수 있고, 가족과 1박 2일 반딧불이 생태 교육 체험도 할 수 있습니다. 그중에서도 밤하늘을 수놓는 반딧불이를 직접 볼 수 있는 '반딧불이 신비 탐사'는 축제의 최고 인기 프로그램으로 어디에서도 경험하지 못한 색다른 감동을 안겨 줍니다.

#반딧불이　#반딧불축제　#무주　#청정지역　#환경지표종　#신비탐사

개똥벌레

곤충을 사랑하는
무주 소년

+ 이웃 추가　💬 채팅

목록

전체 보기(117)

곤충(56)
멸종 위기 곤충(39)
곤충 사육(22)

지표종이란

- 특정 지역의 환경 상태를 측정하는 척도로 이용되는 생물을 말한다.
- 환경 조건이나 오염 정도를 알 수 있게 해 주는 환경 지표종에는 반딧불이, 물총새 등이 있다.
- 물의 맑은 정도를 알 수 있게 해 주는 생물 지표종에는 산천어, 쉬리 등이 있다.

▶ 태리네 가족이 다녀온 축제는 무엇인지 ○표를 하세요.

| 무주 특산물 대축제 | 안동 국제 탈춤 페스티벌 | 무주 반딧불 축제 |

▶ 블로그 내용으로 알맞은 것에 ○표를 하세요.

반딧불이는 우리나라에서는 볼 수 없는 곤충이다.

무주에서는 8월 말에서 9월 초 사이에 반딧불이를 소재로 반딧불 축제를 연다.

무주 반딧불 축제에서는 반딧불이 생태와 관련한 다양한 행사를 즐길 수 있는데, 반딧불이를 직접 볼 수는 없다.

▶ 다음은 반딧불이의 한살이입니다. 빈칸에 알맞은 과정을 쓰세요.

| 알 | → | | → | | → | 성충 |

활동 1 태리네 가족이 다녀온 축제에 대해 간단히 정리해 보세요.

축제 이름	
축제 장소	무주(군)
축제 기간	8월 28일~9월 5일
최고 인기 프로그램	

활동 2 앞서 정리한 내용을 바탕으로 무주 반딧불 축제를 알리는 광고를 만들어 보세요.

1 카드 뉴스를 읽고 인터넷 게시판에 글 쓰기

폐의약품 이렇게 처리해요

가정에서 사용하고 버리는 폐의약품은 어떻게 처리할까요? 폐의약품 처리 방법을 담은 카드 뉴스를 읽고 폐의약품 처리 방법에 대해 제안하는 글을 인터넷 게시판에 써 보세요.

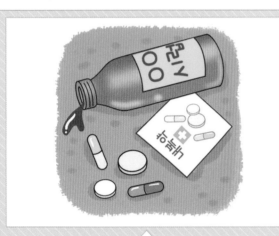

폐의약품을 가정에서 무분별하게 버리면 심각한 토양 오염과 수질 오염을 일으켜요.

폐의약품은 잘 모아서 보건소나 약국의 폐의약품 수거함에 안전하게 버려야 해요.

폐의약품을 버릴 때는 다른 쓰레기와 섞어 버리거나 재활용 포장 용기와 함께 버리면 안 돼요.

시럽의 경우는 뚜껑을 꽉 닫아 시럽이 흘러나오지 않게 버려야 해요.

확인 이 내용이 담긴 디지털 매체는 ㅋ ㄷ ㄴ ㅅ 이다.

▶ 빈칸에 알맞은 말을 쓰세요.

> (   )은/는 유통 기한이 지났거나 변질되어 사용할 수 없는 약품을 말한다.

▶ 폐의약품을 버리는 수거함이 있는 곳의 기호를 쓰세요.

> ㉮ 약국   ㉯ 보건소
> ㉰ 경비실   ㉱ 쓰레기 분리수거장

활동 카드 뉴스의 내용을 바탕으로 하여 인터넷 게시판에 폐의약품의 처리에 대해 제안하는 글을 써 보세요.

> 제목:
>
>
>
>
>
>
>
> 🖼 📎 🎥 📖 ☑   ❓ 전체 공개 ▾   올리기

**폐의약품 올바르게
버리는 방법**

• 폐의약품은 유통 기한이 지났거나 변질되어 사용할 수 없는 약품을 말한다.
• 폐의약품은 알약, 가루약, 물약 등 종류별로 구분한다.
• 가까운 약국이나 보건소의 폐의약품 수거함에 버린다.

2 블로그를 읽고 댓글 쓰기

화가 이중섭

제주도에 있는 이중섭 미술관에 다녀왔어요. 그리고 소나 아이들을 주로 그린 이유가 궁금해져서 이중섭에 대해 알아보고, 그 내용을 블로그에 정리했어요. 블로그 내용을 읽고 이중섭의 그림에 대한 자신의 생각을 댓글로 써 보세요.

🏠 지혜의 거울 이야기 ×

내 블로그 | 이웃 블로그 | 블로그 홈 [로그인]

블로그 🔖 | 메모 | 안부

이중섭의 삶과 그림들

👤 지혜의 거울   20○○. 09. 28 17:24   URL 복사

이중섭(1916~1956)은 대한민국 근대 미술을 대표하는 화가예요.
그는 자신이 보고 겪은 많은 것들 가운데 소, 닭, 아이, 게, 그리고 가족을 주제로 하는 그림을 주로 그렸어요.
그에게 있어서 그림은 자신을 말하는 통로가 되었지요.

이중섭은 어릴 때부터 그림 그리기를 좋아했어요. 그 가운데에서도 소의 커다란 눈을 들여다보고 있으면 그저 행복하다며 소를 그리는 것을 즐겼지요.

21세 되던 해에 서양 미술에 대해 좀 더 배우기 위해 일본으로 유학을 떠났어요. 그리고 일본인 여성 마사코를 만나 우리나라로 돌아와 결혼을 했어요. 신혼집에서 마사코가 키우던 '닭'은 '소'에 이어 이중섭이 즐겨 그리는 소재가 되었지요.

첫아이를 잃은 뒤 이중섭은 하루에 수십 장씩 아이 그림을 그렸어요. 홀로 천국으로 떠난 아이를 위해 '복숭아를 따는 아이, 발가락을 간질이는 아이' 등 또래 꼬마들을 그려 주었지요.

한국전쟁 당시 제주도로 피란을 가 생활한 10개월은 그가 가족과 함께 살았던 행복한 시간이었어요. 그는 그 시간을 가족 그림을 그려 고스란히 담았어요. 먹을 것이 부족해 날마다 바닷가에 나가 게를 잡아먹으며, 그 게들의 넋을 달래기 위해 게 그림을 그리기도 했어요.

어려운 생활 탓에 아내가 두 아들을 데리고 일본으로 떠나고 난 뒤, 이중섭은 가족에 대한 그리움을 그림을 그리며 달랬어요. 그림을 그릴 종이가 없어 담뱃갑 은박지에 그림을 그리기도 했지요. 결국 가족에 대한 그리움으로 몸과 마음이 쇠약해진 그는 1956년 40세의 나이로 세상을 떠났어요.

▲ 〈봄의 어린이〉

▲ 〈흰소〉

#이중섭   #화가이중섭   #이중섭그림   #대한민국근대미술   #이중섭소

확인 이 내용이 담긴 디지털 매체는 ㅂ ㄹ ㄱ 이다.

▶ 이중섭이 주로 그린 그림의 주제가 <u>아닌</u> 것에 ○표를 하세요.

| 호랑이 | 소 | 아이 |

▶ 블로그를 통해 얻을 수 있는 정보를 모두 골라 ○표를 하세요.

첫아이를 잃은 뒤 이중섭은 아이 그림을 하루에 수십 장씩 그렸다.

이중섭은 그림을 그릴 종이가 없어 담뱃갑 은박지에 그림을 그리기도 하였다.

이중섭은 미술을 공부하기 위해 미국으로 유학을 갔다가 아내 마사코를 만났다.

활동 이중섭의 그림에 대한 자신의 생각을 정리해 댓글로 써 보세요.

♥ 공감 5 | ∨   ● 댓글 2 | ∧

┗ **제주소녀**   박물관에 가서 원화를 직접 보았는데 가족에 대한 간절함이 느껴졌어요.

┗ **그림좋아**   자신의 모든 것을 그림으로 표현하는 것을 보니, 작가의 그림에 대한 열정이 얼마나 대단한지 알 수 있을 것 같아요.

← 댓글

댓글 달기

1000자 이내 등록

이중섭 미술관   화가 이중섭을 기리기 위해 2002년 11월 제주도 서귀포시 서귀동 '이중섭 거리' 안에 설립한 미술관으로, 《서귀포의 추억》, 《물고기》, 《물고기와 노는 두 어린이》, 《도원》 등의 원화와 우리나라를 대표하는 근현대화가의 작품 등을 소장 및 전시하고 있다.

1 웹툰을 읽고 픽토그램 바꿔 그리기

픽토그램의 문제점

웹툰 〈아빠랑 함께 가요〉는 아빠와 단둘이 기차 여행을 가게 된 민서가 기차역 에스컬레이터에 부착되어 있는 안전 주의 픽토그램을 보고 아빠와 나눈 대화예요. 웹툰을 다시 읽고 안전 주의 픽토그램을 바꿔 그려 보세요.

아빠랑 함께 가요 <에스컬레이터에서>

아빠, 아이와 에스컬레이터를 함께 타는 보호자는 항상 엄마처럼 여성인가요?

그러고 보니 안내 표지판에 있는 대부분의 보호자는 여성인 거 같구나. 남성인 아빠는 소외감이 드는 걸. 허허.

그밖에 여성이 표현된 픽토그램을 살펴볼까요?

기저귀 교환대 표지판

아기의 기저귀를 가는 보호자가 여성으로 표현되어 있음.

기저귀고환대

어린이 보호 표지판

횡단보도를 건너는 아동의 보호자가 여성으로 표현되어 있음.

어린이보호

출입문 끼임 주의 표지판

유모차를 끄는 보호자가 여성으로 표현되어 있음.

확인 이 내용이 담긴 디지털 매체는 ⬚ ⬚ 이다.

▶ 웹툰에서 민서가 에스컬레이터를 타며 이상하게 생각한 것은 무엇인지 ○표를 하세요.

에스컬레이터에 안전 주의 표지판이 있는 것	

에스컬레이터 안전 주의 표지판에 어린이만 그려져 있는 것	

에스컬레이터 안전 주의 표지판에 아이의 보호자로 여성만 그려져 있는 것	

▶ 다음 픽토그램 가운데 여성이 그려져 있지 않은 것에 ○표를 하세요.

활동 웹툰에서 민서가 에스컬레이터를 타며 본 안전 주의 픽토그램을 바꿔 그려 보세요.

픽토그램이란

- 픽토그램은 '그림(picture)'과 '전보(telegram)'의 합성어이다.
- 사물, 시설, 행동 등을 그림으로 표현해 누구나 쉽게 알아볼 수 있게 한 그림문자를 말한다.
- 모든 사람이 바로 이해할 수 있도록 단순하게 표현되고, 의미가 뚜렷해야 한다.

② 블로그를 읽고 마인드맵으로 정리하기

단오

나라마다 고유의 풍습이 있어요. 윤서는 우리나라의 옛 명절 가운데 단오에 했던 풍습에 대해 블로그에 정리해 보았어요. 블로그를 통해 알게 된 단오에 대한 내용을 마인드맵으로 정리해 보세요.

🏠 빵나무 이야기 ✕

내 블로그 | 이웃 블로그 | 블로그 홈 [로그인]

블로그 🔟 | 메모 | 안부

우리나라의 세시 풍속, 단오

🐱 빵나무   2000. 06. 05 13:05   URL 복사

빵나무

함께 소통해요

[＋이웃 추가] [💬채팅]

목록

전체 보기(79)

가족(46)
ㄴ 부모님, 형제들(16)
ㄴ 우리 가족(30)

글(33)
ㄴ 내 책(6)
ㄴ 책 이야기(27)

단오는 여름이 시작되는 음력 5월 5일입니다. 농부들은 한 해 농사의 절반이라고 일컬어질 만큼 힘든 모내기를 마치고 잠깐 숨을 돌린다고 합니다. 이 시간을 좀 더 알차게 보내려고 옛사람들은 큰 잔치를 벌이며 여름 농사를 시작할 힘을 서로 북돋웠다고 합니다.

단옷날에는 버드나무 큰 가지에 동아줄을 걸어서 그네를 만들어 뛰고 놀았습니다. 남녀노소 가릴 것 없이 그네를 뛰었는데, 그중에서도 외출이 어려웠던 여자들이 즐겨 했습니다. 그네를 높이 뛰면 담 너머로 바깥세상 구경을 할 수 있었기 때문이지요. 남자들은 추석 때처럼 씨름을 했습니다.

▲ 신윤복, 〈단오 풍정〉

단오에는 즐거운 놀이를 하기도 했지만, 새로 시작한 농사가 잘 되기를 기원하는 제사를 지내기도 했습니다. 또, 이때부터 비가 자주 오기 때문에 나쁜 병이 번지기 쉬워서 그런 재앙을 미리 막기 위한 일도 했습니다. 창포를 삶은 물에 머리를 감는 것도 이런 풍습 중 하나입니다. 그리고 낮 12시가 되면 폭포 아래로 가서 머리에 물을 맞는 '물맞이'를 합니다. 물맞이를 하면 병이 생기지 않는다고 믿었거든요. 단옷날에는 올해도 더위를 타지 말고 건강하라는 뜻에서 부채를 선물하는 풍습도 있었습니다.

옛사람들은 일 년에 세 번 고운 옷을 새로 지어 입었는데, 설빔, 추석빔 그리고 단옷날에 입는 단오빔입니다. 이것만 보더라도 단오가 그만큼 중요한 날이었다는 것을 알 수 있습니다.

#단오 #풍습 #창포물 #명절 #그네뛰기 #부채

확인 이 내용이 담긴 디지털 매체는 [ㅂ][ㄹ][ㄱ] 이다.

▶ 블로그의 내용으로 알맞은 것에 ○표를 하세요.

중국에서 단오를 즐기게 된 유래가 나타난 글이다.

우리나라의 세시 풍속 단오에 대한 설명이 나타난 글이다.

▶ 블로그의 제목을 바꾸어 보려고 합니다. 제목으로 어울리지 <u>않는</u> 것의 기호를 쓰세요.

㉮ 단오가 궁금해
㉯ 단오에 무슨 일을 했을까?
㉰ 부채를 찾아라
㉱ 단옷날의 풍습을 알아보아요

활동 블로그를 읽고 우리나라의 명절 단오를 마인드맵으로 정리하여 써 보세요.

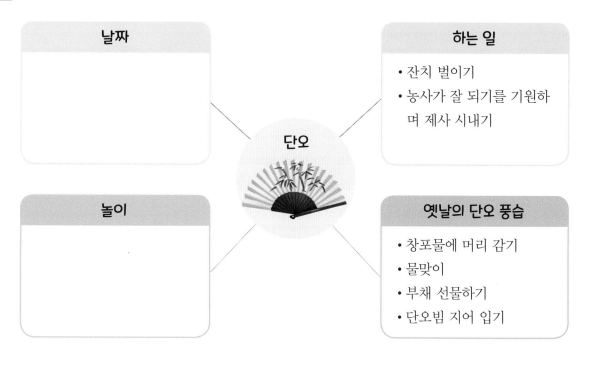

날짜

하는 일
• 잔치 벌이기
• 농사가 잘 되기를 기원하며 제사 지내기

단오

놀이

옛날의 단오 풍습
• 창포물에 머리 감기
• 물맞이
• 부채 선물하기
• 단오빔 지어 입기

블로그 글 제목 작성법
• 호기심을 유발하는 제목을 쓴다.
• 많은 사람이 공감할 수 있는 제목을 쓴다.
• 지식이나 정보 혹은 방법을 알려 주는 제목을 쓴다.
• 자신이 먼저 체험했거나 경험해서 알게 된 정보를 알려 주는 제목을 쓴다.

1 인터넷 뉴스를 읽고 정리하기

생명을 지켜 주는 비율

생명을 위해 꼭 지켜져야 하는 비율이 있다는 것을 알고 있나요?
우리의 생명을 위해 꼭 지켜져야 하는 비율에 대한 인터넷 뉴스를 읽고 중요한 내용을 정리해 보세요.

NEWS | **과학** | 정치 | 스포츠 | TV연예 | 날씨   + ✉ ⦂⦂⦂

생명을 지켜 주는 비율

한민재 기자   입력 2000-4-22   오전 9:15

아름다운 건축물을 만들거나 요리를 할 때에 꼭 지켜져야 하는 것이 있습니다. 바로 비율입니다. 건축물에서 가로와 세로의 비율이 적절할 때 아름다움이 느껴지고, 요리에서도 음식 재료를 알맞은 비율로 넣어야 맛이 있습니다. 이처럼 우리 몸을 위해서도 꼭 지켜져야 하는 비율이 있습니다.

먼저, 공기의 구성 비율입니다. 공기의 구성 비율은 질소, 산소, 이산화 탄소가 78:21:0.03입니다. 이 비율이 유지 되어야 우리 몸은 숨을 쉬면서 살아갈 수 있습니다. 질소는 산소가 너무 많이 흡수되지 않도록 막아 주는 역할을 합니다. 산소가 부족해도 우리는 숨을 쉴 수 없지만, 산소가 너무 많아도 우리는 산소 중독으로 쓰러지게 됩니다. 그래서 질소는 산소가 적절한 비율을 유지할 수 있도록 막아 주는 역할을 합니다. 산소는 우리 몸에 들어오면 이산화 탄소가 되어 몸 밖으로 나갑니다. 그래서 내쉬는 공기에는 산소의 비율이 낮아지게 됩니다. 이때 만들어진 이산화 탄소는 몸 밖으로 나가면 식물의 광합성에 이용됩니다. 산소는 질소를 통해 적절한 비율을 유지하고, 이산화 탄소는 산소의 비율에 따라 양이 정해집니다. 이렇게 질소와 산소와 이산화 탄소의 비율은 서로에게 영향을 미치며 적절한 비율을 유지합니다.

또, 혈액의 구성 비율도 우리 몸을 위해 꼭 지켜져야 하는 비율입니다. 혈액은 우리 몸에 필요한 산소와 영양소를 운반해 주는 역할을 하는데. 이때 혈액 속에는 물과 같은 혈장에 고체 성분인 적혈구, 백혈구, 혈소판이 떠 있는 상태로 있습니다. 적혈구가 부족하면 어지러운 빈혈 증상이 생길 수도 있고, 혈소판이 부족하면 피가 멎지 않는 혈우병이 생길 수도 있습니다. 그래서 혈액에서 혈장, 적혈구, 백혈구와 혈소판의 비율은 55:44.5:0.5가 꼭 지켜져야 합니다.

우리 몸을 위해 꼭 지켜져야 하는 비율, 이 비율을 잘 기억해야 하겠습니다.

확인 이 내용이 담긴 디지털 매체는 인터넷 | ㄴ | ㅅ |이다.

▶ 인터넷 뉴스의 내용으로 알맞은 것에 ○표를 하세요.

이 글은 생명을 지켜 주는 (과정 , 비율)에 대한 인터넷 뉴스이다.

▶ 공기의 구성에 대한 설명으로 알맞은 것을 골라 ○표를 하세요.

질소는 산소가 너무 많이 흡수되는 것을 막아 준다.

산소는 많을수록 맑은 공기를 마실 수 있어서 건강에 좋다.

활동 생명을 유지하기 위해 꼭 필요한 비율에 대해 정리하였습니다. 인터넷 뉴스의 내용을 바탕으로 빈칸에 알맞은 내용을 쓰세요.

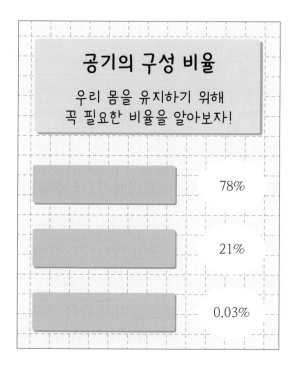

공기의 구성 비율
우리 몸을 유지하기 위해
꼭 필요한 비율을 알아보자!

78%

21%

0.03%

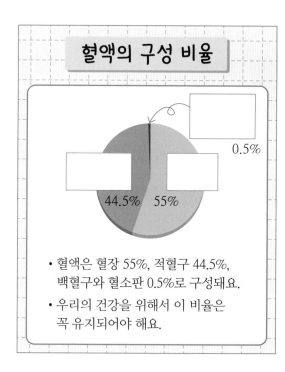

혈액의 구성 비율

0.5%

44.5%　55%

• 혈액은 혈장 55%, 적혈구 44.5%,
백혈구와 혈소판 0.5%로 구성돼요.
• 우리의 건강을 위해서 이 비율은
꼭 유지되어야 해요.

**공기 중에서
가장 많은 기체는?**

공기 중에 가장 많이 있는 기체는 질소이다. 질소는 공기의 78%를 차지하고 있고, 색깔도 맛도 없는 기체이다. 질소는 식품이나 과자를 포장하는 데 사용되며, 내용물을 신선하게 유지해 주는 역할을 한다. 또, 전구 속에도 질소를 넣어서 전 깃불이 잘 켜져 있도록 한다.

2 뉴스 방송 대본을 읽고 픽토그램 그리기

코로나19와 거리 두기

코로나19는 우리 일상을 변화시켰어요. 텔레비전 뉴스에서는 이로 인해 아시아계 사람들에 대한 혐오 범죄가 늘고 있는 것에 대해 소개했어요. 뉴스 방송 대본을 읽고 코로나19를 예방하기 위한 픽토그램을 만들어 보세요.

지구촌을 강타한 코로나 바이러스로 인해 전 세계적으로 많은 사망자를 내면서 아시아계 사람들에 대한 혐오 범죄가 늘고 있습니다. 안소희 기자가 소개합니다.

뉴스 코로나 19로 인한 혐오 범죄 늘어

안소희 기자: 지난달 미국 뉴욕의 지하철에서 흑인 남성이 아시아인을 무차별 폭행하는 일이 또다시 발생했습니다. 폭행이 이루어지고 있는 동안 누구도 나서서 제지하지 않았습니다. 최근 미국 등 세계 곳곳에서는 아시아인을 대상으로 한 혐오 범죄가 끊임없이 발생하고 있습니다.

감염병은 과거부터 꾸준히 발생되어 왔지만 점점 주기가 짧아지고 있습니다. 그에 따라 감염병 바이러스에 대처하기 위해 거리 두기는 필수가 되었습니다. 하지만 거리 두기로 인해 단절된 사람들 사이에서 코로나가 시작된 곳에 대한 확인되지 않은 소문이 확산되면서 아시아계 사람들에 대한 증오가 세계 곳곳에서 나타나고 있는 실정입니다.

2015년 세계보건기구(WHO)는 '질병과 원인체에 대한 명명 원칙'에서 지리적 위치, 사람 이름, 동물의 종을 병의 이름에 쓸 수 없게 하였습니다. 즉, 질병의 이름이 특정 국가, 민족, 종에 낙인이 되지 않도록 하기 위해서입니다.

감염병 예방을 위한 거리 두기가 사람과 사람 사이를 갈라놓지 않아야 할 것입니다. ETS 안소희입니다.

확인 이 내용이 담긴 디지털 매체는 텔레비전 ㄴ ㅅ 이다.

▶ 뉴스의 내용으로 알맞은 것에 ○표를 하세요.

코로나19의 발원지는 아시아에 있다.	

코로나 바이러스 감염자가 세계적으로 속출하고 있다.	

코로나 바이러스와 관련해 흑인을 향한 증오 범죄가 늘고 있다.	

▶ 2015년 세계보건기구(WHO)에서 발표한 '질병과 원인체에 대한 명명 원칙'에서 질병 이름에 들어갈 수 없는 것을 모두 골라 ○표를 하세요.

사람 이름	지리적 위치	바이러스의 모양

활동 코로나19를 예방하기 위한 픽토그램을 만들어 보세요.

거리 두기	마스크 착용	체온 체크
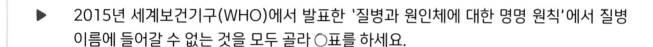		

사회적 거리 두기 단계	• 1단계: 지속적 억제 상태 유지
	• 2단계: 지역 유행_인원 제한
	• 3단계: 권역 유행_모임 금지
	• 4단계: 대유행_외출 금지

5회
사회

1 인터넷 뉴스를 읽고 댓글 쓰기

길고양이 캣맘 논란

길고양이에게 사료를 제공하는 사람을 캣맘이라고 해요. 요즘 캣맘이 늘어나면서 캣맘에 대해 곱지 않은 시선들도 있어요. 캣맘 논란에 대한 인터넷 뉴스를 읽고 나의 의견을 댓글로 써 보세요.

NEWS | **사회** | 정치 | 스포츠 | TV연예 | 날씨 + ✉ ⊞

이웃 간의 갈등으로까지 번진 캣맘 논란

김해준 기자   20○○-10-15 13:54 | 조회 68

▲ 도심 속 길고양이들

요즘 길고양이에게 사료를 제공하는 이른바 캣맘들이 늘고 있습니다. 도심의 골목에서 살아가는 길고양이는 사실상 사냥으로 먹이를 구하기 힘듭니다. 그래서 길고양이도 사람과 함께 살아가는 하나의 생명으로 존중하며 먹이를 제공하는 겁니다. 캣맘들은 일정한 시간마다 사료와 물을 가져다주며 지역의 길고양이를 돌보고 있는데요, 하지만 한편에서는 이러한 캣맘에게 곱지 않은 시선을 보내는 사람들도 있습니다.

주민 A씨는 "길고양이에게 사료를 주면 길고양이들이 더 늘 거 아닙니까? 길고양이가 늘어나면 쓰레기를 뒤지고 아무데나 똥을 싸서 주변이 지저분해질 수밖에 없어요."라고 말했습니다. 주민 B씨는 "밤에 고양이 소리 때문에 잘 수가 없어요. 캣맘들이 먹이를 주지 않으면 사라질 것 같은데 자꾸 먹이를 주니까 점점 늘어나잖아요."라며 불만을 토로했습니다.

확인 이 내용이 담긴 디지털 매체는 인터넷 ㄴ ㅅ 이다.

주민 C씨는 "길고양이들 때문에 집값이 떨어질 것 같다니까요. 지방자치단체에서 나서서 길고양이 문제를 해결해야 한다고 생각합니다."라며 지방자치단체의 해결이 필요하다는 의견을 제시했습니다. 옆에서 듣고 있던 시민 D씨는 "고양이가 그렇게 좋으면 데려가서 키우면 될 거 아닙니까? 그럼 길고양이도 줄고 얼마나 좋아요. 끝까지 책임지지도 않을 거면서 밥만 주면 다예요?"라며 캣맘들의 무책임함에 대해 목소리를 높였습니다.

▲ 사람들이 가져다 놓은 먹이를 먹고 있는 길고양이들

일부 과격한 주민들은 길고양이를 학대하거나 캣맘들이 놓아 둔 먹이통을 훼손하기도 합니다. 하지만 캣맘들은 길고양이는 사람과 공존해야 한다고 생각합니다.

5년째 캣맘으로 활동하고 있는 한 시민은 "길고양이도 하나의 생명입니다. 스스로 먹이를 구하기 힘든 도심에서 그들이 살 수 있도록 사람이 돌보아야 한다고 생각합니다."라고 말했습니다. 그와 함께 캣맘으로 활동 중인 또다른 시민에 따르면 "우리가 물과 사료를 챙겨 준다고 해서 길고양이가 늘어나는 건 아닙니다. 지방자치단체에서 실시하는 길고양이 중성화 사업에도 적극적으로 협조하고 있기 때문에 개체 수를 줄이는 데도 기여했다고 생각합니다."라며 개체 수 줄이기에 기여했다는 의견을 제시했습니다.

실제로 각 지방자치단체에서는 길고양이협회와 연계하여 길고양이 중성화 사업을 시행해 길고양이 개체 수 증가를 막기 위한 노력을 하고 있습니다. 하지만 주민들과 캣맘 사이의 갈등은 법정 공방으로까지 이어지는 등 잡음이 끊이지 않고 있습니다.

길고양이 중성화(TNR) 사업
- 길고양이 중성화 사업은 길고양이의 개체 수를 조절하기 위한 사업이다.
- 길고양이를 포획하여 중성화 수술을 한 후 살던 곳으로 다시 놓아준다.
- 중성화 수술을 한 고양이는 왼쪽 귀 끝을 1cm 정도 제거하여 표시한다.

▶ 인터넷 뉴스의 내용으로 알맞은 것에 ○표를 하세요.

| 캣맘에게 곱지 않은 시선을 보내는 사람들도 있다. | ☐ |

| 사람들 대부분은 캣맘의 활동을 반기고 있다. | ☐ |

| 지역 주민과 캣맘이 연계하여 중성화 사업을 시행 중이다. | ☐ |

▶ 캣맘의 행동에 반대하는 사람들의 생각이 <u>아닌</u> 것의 기호를 쓰세요.

> ㉮ 밤에 소음이 심하다.
> ㉯ 길고양이 때문에 거리가 지저분해진다.
> ㉰ 캣맘이 밥을 주면 길고양이가 사라질 것이다.

▶ 길고양이 개체 수 증가를 막기 위해 시행되고 있는 것에 ○표를 하세요.

| 길고양이 중성화 사업 | 길고양이 가정 입양 캠페인 | 캣맘 활동 금지법 |

활동 1 인터넷 뉴스를 통해 알게 된 길고양이에 대한 캣맘들의 생각을 정리해 써 보세요.

캣맘들의 생각	

활동 2 캣맘 논란에 대한 나의 의견을 댓글로 써 보세요.

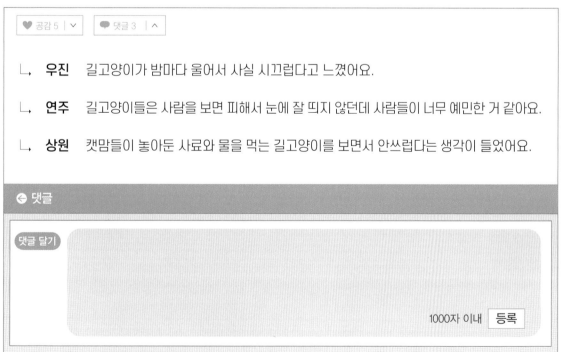

♥ 공감 5 | ∨   💬 댓글 3 | ∧

ㄴ **우진** 길고양이가 밤마다 울어서 사실 시끄럽다고 느꼈어요.

ㄴ **연주** 길고양이들은 사람을 보면 피해서 눈에 잘 띄지 않던데 사람들이 너무 예민한 거 같아요.

ㄴ **상원** 캣맘들이 놓아둔 사료와 물을 먹는 길고양이를 보면서 안쓰럽다는 생각이 들었어요.

↩ 댓글

댓글 달기

1000자 이내 등록

2 온라인 대화를 읽고 안내문 만들기

선거를 해요

이번 주는 전교 학생회 임원 선거 홍보 기간이에요. 다연이는 선거관리위원들과 전교 학생회 임원 선거를 위해 온라인 대화방에서 회의를 하기로 했어요. 대화 내용을 읽고 선거 시 지켜야 할 점을 안내하는 안내문을 만들어 보세요.

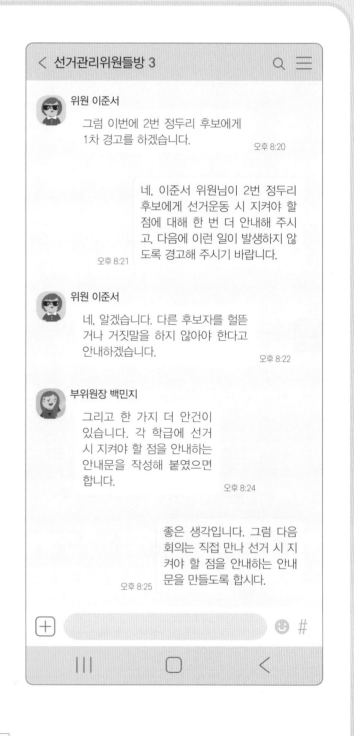

< 선거관리위원들방 3 🔍 ☰

안녕하세요?
이번에 선거관리위원회 위원장을
맡게 된 김다연입니다.
오후 8:00

부위원장 백민지
안녕하세요? 부위원장
백민지입니다.
오후 8:12

위원 이준서
안녕하세요? 위원 이준서입니다.
오후 8:13

선거관리위원회 위원 과반수 출석
으로 온라인 대화방에서 회의를
시작하겠습니다. 이번 안건은 선
거운동 중 선거규칙을 위반한 후
보가 있어 1차 경고를 할 것인지
에 대한 것입니다.
오후 8:15

위원 이준서
네, 그 소식 들었습니다. 2번 정두리
후보가 선거 중에 1번 윤지수 후보
를 헐뜯는 말을 한 사항 말이죠?
오후 8:16

네, 맞습니다. 이 사항은
명백한 선거운동 위반 사
항이라고 생각됩니다.
오후 8:17

부위원장 백민지
네, 저도 그렇게 생각합니다.
오후 8:18

< 선거관리위원들방 3 🔍 ☰

위원 이준서
그럼 이번에 2번 정두리 후보에게
1차 경고를 하겠습니다.
오후 8:20

네, 이준서 위원님이 2번 정두리
후보에게 선거운동 시 지켜야 할
점에 대해 한 번 더 안내해 주시
고, 다음에 이런 일이 발생하지 않
도록 경고해 주시기 바랍니다.
오후 8:21

위원 이준서
네, 알겠습니다. 다른 후보자를 헐뜯
거나 거짓말을 하지 않아야 한다고
안내하겠습니다.
오후 8:22

부위원장 백민지
그리고 한 가지 더 안건이
있습니다. 각 학급에 선거
시 지켜야 할 점을 안내하는
안내문을 작성해 붙였으면
합니다.
오후 8:24

좋은 생각입니다. 그럼 다음
회의는 직접 만나 선거 시 지
켜야 할 점을 안내하는 안내
문을 만들도록 합시다.
오후 8:25

⊕ _____ 😊 #

||| ◯ <

확인 이 내용이 담긴 디지털 매체는 온라인 ⬜ ⬜ ⬜ 이다.

▶ 온라인 대화방의 내용으로 알맞은 것에 ○표를 하세요.

> 전교 학생회 임원 선거를 위해 (선거관리위원들 , 학생회 임원 후보자들)이
> 나눈 온라인 대화이다.

▶ 온라인 대화에서 학생회 임원 후보자가 위반한 사항을 골라 ○표를 하세요.

선거권자에게 선물을 준 경우	
다른 후보자를 헐뜯는 말을 한 경우	
규정에서 정한 이외의 방법으로 선거운동을 한 경우	

활동 온라인 대화 내용을 바탕으로 선거 시 지켜야 할 점을 안내하는 안내문을 써 보세요.

선거운동을 할 때 지켜 주세요!

가. 선거권자에게 음식물 또는 선물 등을 주거나 주기로 약속을 하지 않아요.

나.

다. 규정에서 정한 이외의 방법으로 선거운동을 하지 않아요.

투표할 때 지켜 주세요!

가. 투표는 선거권자 1인 1표의 무기명 비밀투표로 해요.

나. 투표는 보통, 평등, 직접, 비밀의 원칙을 지켜요.

다.

투표 시 주의할 점

- 투표는 선거권자 1인 1표의 무기명 비밀투표로 한다.
- 투표는 정해진 투표 장소에서 실시하며, 보통, 평등, 직접, 비밀의 원칙을 지킨다.
- 투표 장소에서 선거인명부에 반드시 학생 본인이 서명한다.

1 온라인 대화방에서 대화 예절을 잘 지키지 <u>않은</u> 친구는 누구인가요? (   )

① 보민: 친구들을 배려하며 말했다.

② 승재: 주제와 관련 있는 내용을 말했다.

③ 지안: 늦은 시간에 온라인 대화를 보내지 않았다.

④ 채린: 재미있게 대부분의 대화를 이모티콘으로 했다.

⑤ 서준: 다른 사람의 개인 정보를 함부로 보내지 않았다.

2  다음 매체를 통해 알 수 있는 정보가 <u>아닌</u> 것은 무엇인가요? (   )

① 축제가 열리는 때

② 축제가 열리는 장소

③ 축제에서 하는 행사 내용

④ 축제를 잘 나타낼 수 있는 제목

⑤ 축제에 오는 사람들의 인원 수

3 다음과 같은 형식의 매체를 무엇이라고 하는지 쓰세요.

(   )

4 다음 설명에 알맞은 매체에 ○표를 하세요.

그림과 인물의 대사로 내용을 효과적으로 전달할 수 있는 매체는 (웹툰 , 텔레비전 뉴스)
이다.

5 인터넷 게시판에 댓글을 달 때 주의할 점을 알맞게 말하지 <u>않은</u> 친구의 이름을 쓰세요.

> 현성: 상대방을 모욕하는 글을 쓰지 않아야 해.
>
> 민주: 함부로 말하거나 비웃고 헐뜯는 말을 하지 않아야 해.
>
> 수진: 글의 내용과 상관없는 내용이라도 자유롭게 쓸 수 있어.

(   )

6 다음 매체에서 전하고 있는 정보는 무엇인가요? (   )

① 장수의 비결　　　　　　② 운동이 필요한 까닭

③ 비율을 계산하는 방법　　④ 환경오염의 원인 물질

⑤ 생명을 지켜 주는 비율

7 다음과 같은 매체의 진행을 위해 필요한 것에 ○표를 하세요.

뉴스 방송 대본

인터넷 게시판

온라인 대화방

나는 불행한 아이예요

오늘은 담임 선생님이 수업 대신 무슨 조사를 한다며 아이들에게 두툼한 설문지를 나눠 주셨어요. 거기에는 〈행복 만족도 조사〉라고 쓰여 있었지요.

설문지를 받아든 아이들은 킥킥거리며 설문 조사 문항에 동그라미를 해 나갔지요. 친구들과 달리 준현이는 쉽게 답을 하기가 어려웠어요. 처음부터 고민이 많아지는 문항들이었기 때문이에요.

• 여러분의 친한 친구는 몇 명인가요? 얼마나 자주 만나나요?

그러고 보니 준현이는 친한 친구가 거의 없다는 걸 깨달았어요. 학교 친구들과는 제대로 어울리지 못했고, 학원 친구들이 그나마 자주 보는 아이들이었지요. 하지만 학원 친구들과는 수업 중간이나 쉬는 시간에 어울릴 뿐이지 다들 바쁜 일정으로 가득 차 있어서 따로 시간을 내서 노는 것은 불가능했지요.

• 여러분은 현재 사교육을 받고 있나요? 몇 군데, 몇 시간을 받고 있나요?

준현이는 모두 다섯 군데, 월수금 종합학원, 화목 영어학원, 학습지, 토일은 수영 강습과 바이올린 레슨을 받았어요. 준현이의 일정은 늘 빠듯해서 주중이나 주말이나 맘 놓고 푹 쉴 시간은 없었어요. 지금 계산해 보니 사교육을 받느라고 한 주에 34시간을 보냈고, 그 숙제를 하는 시간은 30시간 이상이었어요. 준현이는 그 충격적인 숫자에 잠시 머리가 아찔할 지경이었지요.

• 일주일에 부모님과 함께 얼마나 자주 활동을 하고 대화를 하나요?

이번 질문은 더욱 심각했어요. 맞벌이를 하시는 부모님은 늘 바쁘셔서 가족들이 모두 모여 저녁 식사를 하는 횟수는 일주일에 한 번 될까 말까 했지요. 엄마와 하는 대화라고는 학원 잘 다녀왔느냐, 숙제는 왜 안 했느냐, 씻어라 등 일상생활에 대한 점검뿐이었어요. 아빠하고는 더 심각했지요. 사업을 하시는 아빠는 늘 바쁘셔서 일주일에 한 번 얼굴 보기도 어려웠어요.

"나의 삶에 만족하는가?"라는 질문에 준현이는 망설임 없이 "아니오"라고 체크했어요. 그 순간 자신이 자신의 삶에 전혀 만족하지 않고 조금도 행복하지 않다는 것을 깨달았어요. 준현이는 마치 망치로 뒷머리를 한 대 쾅 맞은 것처럼 아찔한 충격을 받았어요.

며칠 뒤, 담임 선생님이 준현이를 부르셨어요. 담임 선생님은 지난번 〈행복 만족도 조사〉를 검토하면서 준현이가 행복하지 않다고 체크한 것을 보았다는 말씀을 하셨어요. 그러고는 상담 선생님과 면담 약속을 잡았으니 상담실로 가 보라고 하셨어요. 준현이는 전혀 생각지도 못했던 일에 조금 당황스러웠지만 선생님의 말씀대로 상담실로 향했지요.

'상담실'이라는 표지판을 본 준현이는 선뜻 문을 열기가 망설여졌어요. 간혹 상담실에 가는 친구들을 봐 왔지만, 자신이 여기 오게 될 줄은 몰랐거든요.

그때 문이 열렸어요.

"어, 준현이 왔구나. 어서 들어와."

상담 선생님이 환한 얼굴로 말했어요.

준현이는 자리에 앉아서도 발가락을 꼼지락거리고 있었어요.

"우리 준현이는 무엇을 좋아하니?"

준현이는 생각지도 못한 질문에 상담 선생님을 멍하니 쳐다봤어요. 준현이는 뭔가 정답을 말해야 할 것 같은 긴장감이 들었어요.

"준현이 네가 좋아하는 거 말이야. 어떤 친구는 그림 그리기를 좋아하고 어떤 친구는 게임을 하면서 스트레스를 풀잖아. 너는 무엇을 좋아하는지 물은 거란다."

'에잇, 이런 간단한 질문에도 바보처럼 대답하지 못하다니!'

준현이는 자기가 무엇을 하면 편해지는지 생각해 봤어요. 지난해 오랜만에 가족들과 함께 3박 4일 동안 제주도 여행을 갔던 기억이 떠올랐어요. 한라산 둘레길을 걷고, 엄마 아빠랑 보트도 타고, 낚시를 했던 즐거웠던 시간들이 생각났지요. 이미 오래 전 일인 것처럼 흐릿해진 일이 다시 생각나자, 방그레 웃음이 났어요. 준현이는 제주도 여행 이야기를 더듬더듬 늘어놓았어요. 선생님이 잘 들어 주시니 신이 나서 그때 한라산 둘레길을 걷다가 본 오름이 아주 멋졌고, 완주하기 힘들어 해서 아빠한테 야단맞았던 일도 털어놓았지요.

그날 준현이는 학원을 너무 많이 다녀서 힘들고, 쉬는 시간은커녕 숙제를 하느라고 잠도 제대로 못 자서 멍하다는 이야기를 했어요. 학원 같은 거만 안 다니면 자기가 지금처럼 불행하지는 않을 거라고요. 자기는 세상에서 누구보다도 불행한 아이인 것 같다고도 했지요.

상담 선생님이 부드러운 목소리로 말씀하셨어요.

"우리 준현이가 많이 힘들구나."

그 순간 준현이는 막혔던 혈관이 터진 것처럼 눈물이 빵 뿜어져 나왔어요. 엉엉 우는 준현이에게 상담 선생님이 휴지를 건넸어요.

이어지는 내용은 100쪽에 >>>

준현이는 눈을 동그랗게 뜨고 아빠를 바라보다가 마주 보고 피식 웃었어요.

지금이라도 가족들이 모여 솔직하게 얘기를 하는 게 얼마나 다행이에요?

결국 준현이는 꼭 필요한 학원만 다니기로 했어요.

– 가치 동화 〈아빠랑 여행 가요!〉 중에서 –

3 주차

회		제목	학습 계획일	
1	생활	**1** 마음을 전해요	월	일
	역사	**2** 미스터리 서클	월	일
2	문화	**1** 고유의 난방 방식, 온돌	월	일
	과학	**2** 고양이를 키워요	월	일
3	문화	**1** 공중 시계, 앙부일구	월	일
	사회	**2** 생활 속 표준 이야기	월	일
4	생활	**1** 삶의 가치를 찾아서	월	일
	역사	**2** 세계의 궁	월	일
5	과학	**1** 환상의 싱크홀	월	일
	생활	**2** 광고 스토리보드 만들기	월	일
		확인 문제		
		가치 동화 [행복] 아빠랑 여행 가요! ③		

☐ 인터넷 게시판을 읽고 전자 우편 쓰기

마음을 전해요

아이돌이 꿈인 윤성이는 자신의 롤 모델이었던 가수가 3년 만에 다시 음반을 낸다는 소식에 너무 기뻐 가수의 소속사 누리집 게시판에 마음을 전하는 글을 썼어요. 인터 넷 게시판의 글을 읽고 나의 롤 모델에게 마음을 담아 전자 우편을 써 보세요.

자유 게시판

J형, 다시 돌아와 너무 기뻐요

작성자: 김윤성 | 등록일: 2000 . 12 . 21 | 조회: 45

J형, 안녕하세요?

제가 초등학교 2학년 때 오디션 본다고 찾아갔을 때 형이 길도 안내해 주고, 맛있는 것도 사 주셨던 윤성이에요. 오디션에서 떨어졌을 때 형이 많이 위로해 주셔서 고마웠어요. 형도 오디션 여러 번 떨어지고 고1 때 합격하여 5년 가깝게 연습생 생활을 해서 이 자리에 왔다고 하면서, 꿈을 잃지 않고 노력하면 결국에는 원하는 것을 이룰 수 있다고 응원해 주신 것이 또렷하게 기억나요. 그래서 저는 지금도 가수가 되기 위해 열심히 노력하고 있어요. 형처럼 저도 노래와 춤뿐만 아니라 작사, 작곡도 할 수 있는 가수가 되는 게 목표랍니다.

형이 군대를 제대하고 다시 음반을 낸다는 소식을 듣고 너무 기뻤어요. 형의 춤과 노래가 그리웠거든요. 군대 입대하기 전에 어느 잡지사와의 인터뷰에서 제대하면 바로 활동하겠다고 말씀하신 것도 기억해요. 4년 동안 저는 형의 노래를 부르고 형의 춤을 따라 하면서 항상 가수가 된 저의 미래를 꿈꾸었어요. 제 곁에 꿈을 응원해 주는 가족과 형의 음악이 있어서 지치지 않고 꿈을 향해 달릴 수 있었어요. 제대와 새 음반 내신 것 정말 축하드려요. 음반 발매일을 손꼽아 기다리고 있을게요.

♥ 공감 3 | ⌄   💬 댓글 13 | ⌃

확인 이 내용이 담긴 디지털 매체는 인터넷 ㄱ ㅅ ㅍ 이다.

▶ 인터넷 게시판의 내용으로 알맞은 것에 ○표를 하세요.

좋아하는 가수에게 보낸 응원의 글이다.	☐
좋아하는 가수의 새 음반 발매 소식을 알리는 글이다.	☐

▶ 이 글에 담긴 글쓴이의 마음으로 알맞지 <u>않은</u> 것에 ○표를 하세요.

미안한 마음	축하하는 마음	고마운 마음

활동 내가 평소에 롤 모델이라고 생각하는 인물을 떠올려, 그 인물에게 하고 싶은 말을 전자 우편으로 써 보세요.

```
┌─────────────────────────────────────────────  ─  □  ×  ┐
│ 제목                                                      │
├──────────────────────────────────────────────────────────┤
│                                                          │
│                                                          │
│                                                          │
│                                                          │
│                                                          │
│                                                          │
│                                                          │
│                                                          │
├──────────────────────────────────────────────────────────┤
│ [보내기 ▼]  A ⫠ ⊝ ☺ ▦                          ⋮ 🗑       │
└──────────────────────────────────────────────────────────┘
```

전자 우편의 특징

- 인터넷이 연결되어 있기만 하면 언제 어디서라도 의사소통이 가능하다.
- 전통적인 편지에 비해 전달이 매우 빠를 뿐만 아니라 같은 내용을 동시에 여러 명에게 보낼 수 있다.
- 자료를 첨부하거나 인터넷 주소를 링크하여 보낼 수 있다.

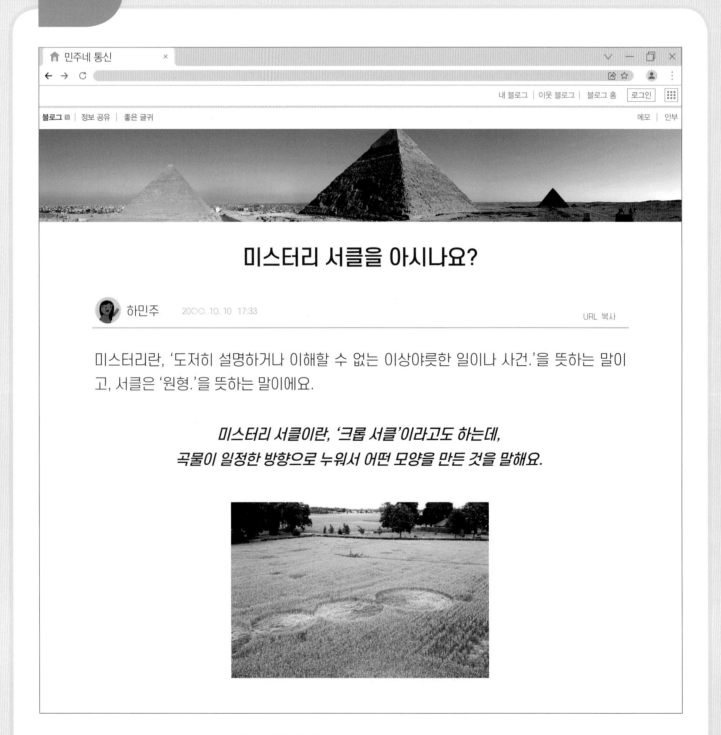

미스터리 서클

민주는 장래 희망이 기자예요. 그래서 궁금한 내용이 있으면 조사하여 블로그에 꾸준히 글을 쓰고 있답니다. 이번에는 미스터리 서클에 대한 내용을 조사하였어요. 어떤 내용인지 읽고 민주가 되어 뉴스 방송 대본을 써 보세요.

확인 이 내용이 담긴 디지털 매체는 ㅂ ㄹ ㄱ 이다.

3
주차

외계인의 흔적일까요?

1980년 8월 15일, 영국의 한 신문에 다음과 같은 내용의 기사가 실렸어요.

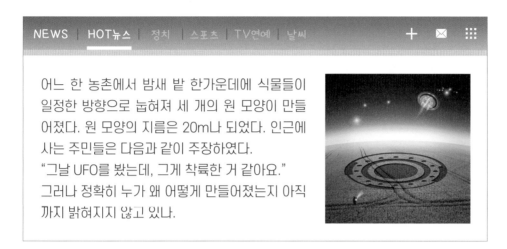

거대한 땅 위에 만들어진 이런 기이한 모습들을 그 뒤로 미스터리 서클이라고 불렀어요.
사람들은 일부러 모양을 만들었다고 주장하기도 하고, 직접 실현해 보기도 했대요. 그런데 정말 미스터리한 것은 사람들이 일부러 만든 원 모양에서는 식물의 꺾인 줄기 부분이 더 이상 자라지 않았지만, 미스터리 서클에서는 식물의 꺾인 줄기 부분이 계속 자라서 수확을 하였다는 것이지요.

이런 기사가 발표된 이후에 미국, 호주 등 세계 곳곳에서 비슷한 일들이 발표되었어요. 그리고 강이나 호수에서는 아이스 서클이 발견되었는데, 스스로 회전까지 한다고 하여 기이하게 여겨졌어요.

지금까지 미스터리 서클이나 아이스 서클은 원인이 밝혀지지 않아서 불가사의한 현상으로 여겨지고 있어요.

#미스터리   #미스터리서클   #서클   #외계인   #자연현상

아이스 서클이란

• 강이나 호수에 얼음으로 만들어진 원 모양을 말한다.
• 물에서 스스로 회전까지 한다.
• 생긴 원인은 정확하게 밝혀지지 않았다.

▶ 민주는 블로그에 무엇에 대한 내용을 조사해 글로 썼는지 ○표를 하세요.

| 미스터리 클럽 | 미스터리 서클 | 곡물의 성장 과정 |

▶ 민주가 블로그에 글을 쓰기 위해 찾은 자료로 알맞은 것에 모두 ○표를 하세요.

미스터리 서클이 찍힌 사진	
미스터리 서클을 직접 본 사람들을 면담한 내용	
미스터리 서클에 대해 소개한 내용	

▶ 미스터리 서클의 특징으로 알맞지 <u>않은</u> 것의 기호를 쓰세요.

㉮ 곡물이 일정한 방향으로 누워서 어떤 모양을 만든 것이다.
㉯ 농부들이 친구들에게 즐거움을 주기 위해 직접 밤새 만든 것이다.
㉰ 원인이 밝혀지지 않아서 불가사의한 현상으로 여겨진다.

3
주차

활동 1 블로그를 다시 읽고 미스터리 서클에 대해 정리해 보세요.

뜻	곡물이 일정한 방향으로 누워서 어떤 모양을 만든 것

다른 이름	

특징	

활동 2 다음 일어난 일과 블로그 내용을 바탕으로 하여 미스터리 서클에 대해 소개하는 뉴스 방송 대본을 완성해 보세요.

일어난 일	경기도 연천 한 농촌의 밭 한가운데에서 우리나라 최초로 미스터리 서클이 발견되었다.

아나운서: 안녕하십니까? ETS뉴스입니다. 오늘 보도 드릴 내용은 세계의 불가사의한 일 중 하나인 미스터리 서클이 경기도 연천에서 발견된 일입니다. 현장에 나가 있는 박민용 기자를 연결하겠습니다. 박민용 기자, 경기도 연천에서 미스터리 서클이 발견됐다고요.

기자: 네, 여기는 경기도 연천 한 농촌의 밭 한가운데입니다. 제 뒤로 보시는 바와 같이 미스터리 서클이 발견되었습니다. 미스터리 서클이란

지금까지 ETS뉴스 박민용입니다.

1 인터넷 백과사전을 읽고 지식 카드 만들기

고유의 난방 방식, 온돌

민진이네 가족은 한옥 마을 체험을 했습니다. 아빠는 온돌방에서 자고 일어났더니 몸이 개운하다고 하셨어요. 온돌에 어떤 비밀이 있는지 알아보고, 온돌의 과학적 원리를 알려 주는 지식 카드를 만들어 보세요.

과학적 난방 방식, **온돌**

요약 추운 겨울을 나기 위해 아궁이에 불을 지펴 구들장이라고 불리는 돌을 데워서 방 전체를 따뜻하게 하는 바닥 난방 장치.

온돌의 구조와 원리

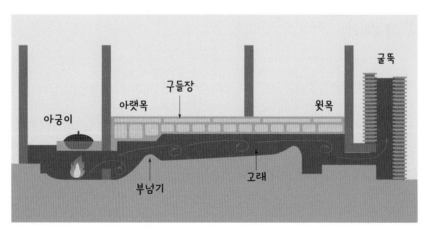

온돌은 크게 아궁이, 부넘기, 고래, 구들장, 굴뚝으로 이루어져 있다. 아궁이에서 불을 때면 불과 연기가 부넘기를 타고 골고루 넘어가 불기운이 고래 사이를 지나면서 구들장을 뜨겁게 한다. 연기는 굴뚝을 통해 빠져나간다.

온돌에 담긴 과학성

온돌은 비교적 적은 연료를 사용해 방 안 전체를 따뜻하게 한다. 고래가 열기를 오래 잡아두고, 아궁이에 솥을 걸어 음식도 조리하기 때문에 열효율이 높은 친환경 난방 방식이다.

아궁이와 가까운 윗목은 더 따뜻하고 아궁이와 먼 아랫목은 덜 따뜻해서 대류 작용을 일으킨다. 대류 작용은 실내 공기를 순환시킨다. 또 불을 지필 때 생긴 연기는 굴뚝을 통해 빠져나가서 실내 공기를 쾌적하게 유지해 준다.

확인 이 내용이 담긴 디지털 매체는 인터넷 | ㅂ | ㄱ | ㅅ | ㅈ | 이다.

▶ 인터넷 백과사전에서 다루는 내용이 <u>아닌</u> 것에 ○표를 하세요.

온돌의 구조	온돌에 담긴 과학	온돌의 역사

▶ 인터넷 백과사전 내용을 참고해 온돌의 각 구조와 역할을 선으로 이어 보세요.

아궁이 • · 장작을 연료로 하여 불을 지피는 곳

부넘기 • · 구들장 밑에 열기를 잡아두었다가 나가게 만든 길

고래 • · 불과 연기가 고래로 골고루 넘어가게 하는 언덕

활동 인터넷 백과사전을 읽고 온돌에 담긴 과학적 원리를 알려 주는 지식 카드를 만들어 보세요.

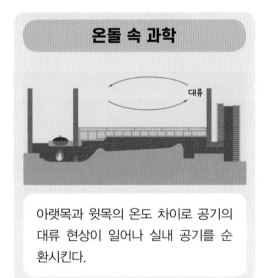

온돌 속 과학

아랫목과 윗목의 온도 차이로 공기의 대류 현상이 일어나 실내 공기를 순환시킨다.

온돌 속 과학

열의 복사, 전도, 대류를 이용한 온돌의 원리

· 열의 복사: 아궁이에 불을 피웠을 때 발생하는 복사 열이 구들장을 데워 준다.
· 열의 전도: 따뜻해진 구들장의 열이 방바닥으로 옮겨 가는 전도 현상이 일어난다.
· 열의 대류: 아랫목과 윗목의 온도 차이로 따뜻한 공기가 순환하는 대류 현상이 일어난다.

고양이를 키워요

사람들의 사랑을 받는 반려동물 고양이. 하지만 고양이를 키우는 일은 생각처럼 쉽지 않아요. 인터넷 백과사전에서 고양이 키우기에 대해 알아보고, 인터넷 게시판에 답글을 써 보세요.

우리 가족 고양이 맞이하기

고양이들이 모두 슬퍼 보여요.

그리고 많이 무서운가 봐요.

고양이가 행복해 질 수 있게 우리가 가족이 되어 잘 돌보아 주자.

네…

고양이 꼬리를 보면 기분을 알 수 있어요.

공포   반가움

짜증남   친근함

흥미로움   평온

항복   분노, 위협

확인 이 내용이 담긴 디지털 매체는 [ㅇ] [ㄷ] 과 인터넷 백과사전이다.

고양이 키우는 방법

고양이를 키우기 위해 필요한 준비물

사료와
밥·물 그릇   모래 화장실   빗과 발톱깎이   장난감   숨숨집   이동장   스크래처와 캣타워

고양이 맞이하기

고양이는 낯선 환경에서 스트레스를 받기 때문에 보이지 않는 곳으로 숨어 버립니다. 따라서 고양이가 위험한 곳에 숨지 않도록 숨숨집과 같이 편하게 숨을 수 있는 곳을 만들어 주는 것이 좋습니다. 또 고양이는 매우 조심스러운 동물이기 때문에 처음 보는 사람에게 쉽게 마음을 열지 않습니다. 고양이가 마음을 열고 스스로 다가올 때까지 기다려 주어야 합니다.

고양이의 본능

• **긁기**: 고양이는 발톱을 갈고 자신의 냄새로 영역을 표시하기 위해 긁기를 했던 습성이 남아 있어서 집의 소파나 가구, 벽 등을 긁어 댈 수 있습니다. 그럴 때는 발톱을 깎아 주고, 스크래처를 준비해 긁을 곳을 마련해 주어야 합니다.

• **그루밍**: 고양이는 스스로 몸을 핥고 문지르는 습성이 있는데, 이것을 '그루밍'이라고 합니다. 고양이는 깨끗한 것을 좋아하는 동물이기 때문에 늘 털을 깨끗하게 하고 몸단장을 하는 것입니다. 따라서 고양이 몸에 고양이가 먹으면 위험한 물질이 묻지 않도록 주의해야 합니다.

• **꾹꾹이**: 새끼 고양이들이 젖을 먹을 때 젖이 잘 나오도록 꾹꾹 반복해서 누르는 행동입니다. 다 자란 뒤에도 이 습성이 남아 보호자에게 꾹꾹이를 하기도 합니다.

고양이가 주의해야 할 음식

• **달걀**: 달걀 흰자에 있는 성분은 소화 흡수를 방해하므로 달걀을 줄 때는 노른자만 줘야 합니다.

• **당분이 포함된 음식**: 사탕, 아이스크림과 같이 당분이 포함된 음식은 고양이의 신장에 부담이 될 수 있습니다.

• **카페인**: 커피, 녹차 등 카페인이 들어간 물질은 고양이에게 위험합니다.

• **고기의 뼈**: 고양이 입속이나 소화기관에 상처를 낼 수 있습니다.

• **우유**: 설사를 할 수 있으므로 고양이용 우유를 먹여야 합니다.

• **날고기, 날생선**: 병원균에 감염될 위험이 있습니다.

• **기타**: 사람이 먹는 양념된 음식은 달고 짜기 때문에 질병을 일으킬 수 있습니다.

고양이와 놀아 주기

강아지가 산책으로 스트레스를 푼다면 고양이는 놀이 활동을 통해 스트레스를 푼다. 고양이 장난감으로 사냥놀이를 할 수 있도록 해 주면 놀이를 통해 스트레스를 풀고 건강한 고양이가 될 수 있다.

▶ 고양이의 꼬리 모양을 보고 고양이의 기분에 알맞게 선으로 이어 보세요.

·

· 편안해요.

·

· 화가 많이 나 있어요.

▶ 인터넷 백과사전의 내용으로 알맞지 <u>않은</u> 것에 ○표를 하세요.

고양이를 키우기 위해서는 사료와 물만 준비하면 된다.

고양이 장난감으로 사냥놀이를 할 수 있도록 해 주면 스트레스를 풀 수 있다.

강아지가 산책으로 스트레스를 푼다면 고양이는 놀이 활동을 통해 스트레스를 푼다.

고양이는 낯선 환경에서 스트레스를 받기 때문에 보이지 않는 곳으로 숨어 버린다.

▶ 고양이에게 먹여도 되는 음식에 ○표를 하세요.

사탕   고기의 뼈   날생선   고양이용 우유

3
주차

 활동 1 인터넷 백과사전을 읽고 고양이의 본능을 정리해 보세요.

긁기	그루밍	꾹꾹이
	스스로 몸을 핥고 문지르는 습성을 말한다. 고양이는 깨끗한 것을 좋아하는 동물이기 때문에 늘 털을 깨끗하게 하고 몸단장을 한다.	

활동 2 정리한 것을 바탕으로 인터넷 게시판에 올려진 질문에 알맞게 답글을 써 보세요.

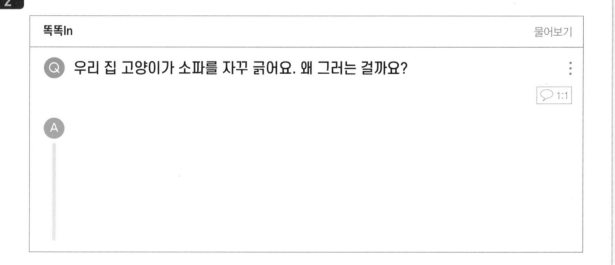

똑똑In   물어보기

Q 우리 집 고양이가 소파를 자꾸 긁어요. 왜 그러는 걸까요?

1:1

A

1 인터넷 백과사전을 읽고 광고 만들기

공중 시계, 앙부일구

서연이는 국립고궁박물관에서 본 앙부일구에 대해 더 알아보기 위해 인터넷 백과사전을 찾아보았어요. 인터넷 백과사전에 찾은 우리나라 최초의 공중 시계 앙부일구에 대한 글을 읽고 앙부일구를 알리는 광고 문구를 써 보세요.

ⓔ 똑똑백과사전 　　　　　🔍　　　　　사전 소개 | 연표 ≡

우리나라 최초의 공중 시계, **앙부일구**

■ 뜻

1434년(세종 16년)에 처음 제작되어 한양의 중심이었던 종묘 앞에 설치되었던 해시계입니다. 하늘을 우러르는 가마솥이라는 뜻의 '앙부'와 오목한 모양의 해시계라는 뜻의 '일구'가 합쳐진 말입니다. 즉 하늘을 우러르는 가마솥 모양의 해시계가 앙부일구입니다. 앙부일구는 조선시대 시간을 알 수 없었던 백성들을 위해 세종이 과학자들에게 명령하여 만든 해시계 중 하나입니다.

■ 구조와 쓰임

앙부일구는 영침의 그림자로 시간을 알 수 있습니다. 하루의 간격을 지금의 2시간 간격으로 표시하고 각 단위는 다시 1시간 간격으로 나눈 다음, 그 사이를 다시 15분 단위로 4등분하였습니다. 그래서 낮 동안 해가 이동하면서 영침의 그림자가 이동하면 영침이 가리키는 세로선의 눈금을 읽어 시간을 알 수 있습니다. 눈금을 정확히 읽는다면 현대 시계와의 오차는 3분 가량에 불과할 정도록 정확한 시계입니다.

앙부일구는 단순히 시계 역할만 한 것이 아닙니다. 겨울에서 여름으로 갈 때는 그림자의 길이가 길어지고, 여름에서 겨울로 갈 때는 그림자의 길이가 짧아집니다. 그래서 그림자가 위치한 가로선을 따라가면 절기도 알 수 있습니다. 즉, 달력의 역할도 한 것입니다.

■ 의의

앙부일구는 조선시대 시간을 알 수 없었던 백성들을 위해 사람들이 잘 모이는 곳에 설치하여 쉽게 시간을 알 수 있게 하였습니다. 또 백성들 대부분이 농사를 짓던 시기에 절기를 아는 것은 중요했습니다. 그래서 계절마다 변하는 그림자의 길이를 이용해 절기도 알 수 있게 함으로써 백성들의 생활에 큰 도움이 되었습니다.

확인 이 내용이 담긴 디지털 매체는 인터넷 [ㅂ][ㄱ][ㅅ][ㅈ] 이다.

▶ 우리나라 최초의 공중 시계 이름에 ○표를 하세요.

| 간의 | 측우기 | 앙부일구 |

▶ 인터넷 백과사전의 내용으로 알맞은 것에 ○표를 하세요.

| 앙부일구는 영침의 그림자로 시간을 알 수 있다. | |

| 앙부일구는 양반들만 사용할 수 있는 시계이다. | |

| 앙부일구는 시간은 알 수 있지만, 절기는 알 수 없다. | |

활동 시계 광고를 참고하여, 앙부일구를 알리는 광고에 알맞은 문구를 써 보세요.

영침의 그림자로 시간뿐 아니라 절기도 알 수 있어요.

해시계의 원리

• 지구의 자전에 의하여 물체의 그림자가 이동하는 것을 이용해 시간을 측정한다.
• 지구는 하루에 한 번씩 태양 주위를 자전하므로 물체의 그림자 위치도 달라져 시간을 알 수 있다.

2 온라인 대화와 인터넷 백과사전을 읽고 정보 정리하기

생활 속 표준 이야기

민재는 도서관에서 책을 읽다가 우연히 책의 크기가 조금씩 다르면서도 같다는 것을 알게 되었어요. 그래서 기술 관련 연구원으로 일하시는 삼촌께 온라인 대화방에서 여쭈어 보고, 인터넷 백과사전도 찾아보았어요.

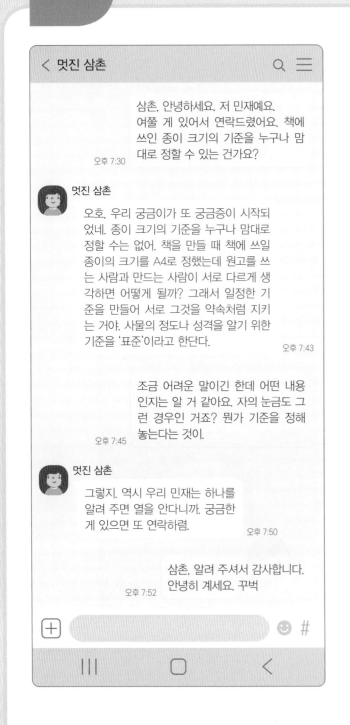

< 멋진 삼촌

삼촌, 안녕하세요. 저 민재예요. 여쭐 게 있어서 연락드렸어요. 책에 쓰인 종이 크기의 기준을 누구나 맘대로 정할 수 있는 건가요?
오후 7:30

멋진 삼촌
오호, 우리 궁금이가 또 궁금증이 시작되었네. 종이 크기의 기준을 누구나 맘대로 정할 수는 없어. 책을 만들 때 책에 쓰일 종이의 크기를 A4로 정했는데 원고를 쓰는 사람과 만드는 사람이 서로 다르게 생각하면 어떻게 될까? 그래서 일정한 기준을 만들어 서로 그것을 약속처럼 지키는 거야. 사물의 정도나 성격을 알기 위한 기준을 '표준'이라고 한단다.
오후 7:43

조금 어려운 말이긴 한데 어떤 내용인지는 알 거 같아요. 자의 눈금도 그런 경우인 거죠? 뭔가 기준을 정해 놓는다는 것이.
오후 7:45

멋진 삼촌
그렇지. 역시 우리 민재는 하나를 알려 주면 열을 안다니까. 궁금한 게 있으면 또 연락하렴.
오후 7:50

삼촌, 알려 주셔서 감사합니다. 안녕히 계세요. 꾸벅
오후 7:52

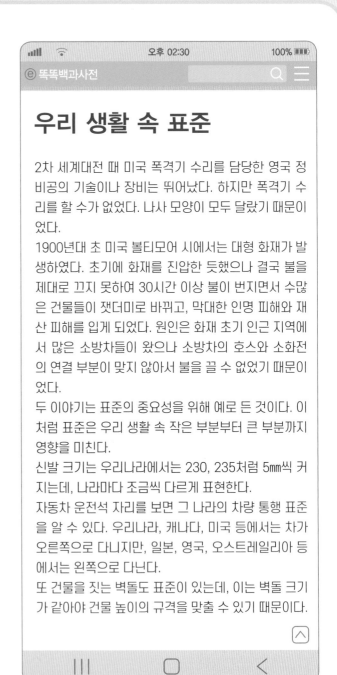

오후 02:30   100%

ⓔ 똑똑백과사전

우리 생활 속 표준

2차 세계대전 때 미국 폭격기 수리를 담당한 영국 정비공의 기술이나 장비는 뛰어났다. 하지만 폭격기 수리를 할 수가 없었다. 나사 모양이 모두 달랐기 때문이었다.

1900년대 초 미국 볼티모어 시에서는 대형 화재가 발생하였다. 초기에 화재를 진압한 듯했으나 결국 불을 제대로 끄지 못하여 30시간 이상 불이 번지면서 수많은 건물들이 잿더미로 바뀌고, 막대한 인명 피해와 재산 피해를 입게 되었다. 원인은 화재 초기 인근 지역에서 많은 소방차들이 왔으나 소방차의 호스와 소화전의 연결 부분이 맞지 않아서 불을 끌 수 없었기 때문이었다.

두 이야기는 표준의 중요성을 위해 예로 든 것이다. 이처럼 표준은 우리 생활 속 작은 부분부터 큰 부분까지 영향을 미친다.

신발 크기는 우리나라에서는 230, 235처럼 5mm씩 커지는데, 나라마다 조금씩 다르게 표현한다.

자동차 운전석 자리를 보면 그 나라의 차량 통행 표준을 알 수 있다. 우리나라, 캐나다, 미국 등에서는 차가 오른쪽으로 다니지만, 일본, 영국, 오스트레일리아 등에서는 왼쪽으로 다닌다.

또 건물을 짓는 벽돌도 표준이 있는데, 이는 벽돌 크기가 같아야 건물 높이의 규격을 맞출 수 있기 때문이다.

확인 이 내용이 담긴 디지털 매체는 온라인 대화방과 인터넷 ㅂ ㄱ ㅅ ㅈ 이다.

▶ 온라인 대화 내용으로 알맞은 것에 ○표를 하세요.

> 삼촌께서 민재에게 (표준 , 표지)에 대해 설명해 주셨다.

▶ 인터넷 백과사전 내용으로 알맞은 것에 모두 ○표를 하세요.

> 2차 세계대전 때 미국 폭격기를 영국 정비공이 수리를 할 수 없었던 까닭은 기술이 부족했기 때문이다.

> 1900년대 초 미국 볼티모어 시에서 일어난 화재의 피해가 컸던 것은 소방차의 호스와 소화전의 연결 부분에 대한 표준이 없었기 때문이다.

> 표준은 우리 생활 속 여러 곳에서 볼 수 있는데, 신발의 크기처럼 각 나라마다 조금씩 다르게 표현할 수 있다.

활동 인터넷 백과사전을 통해 알게 된 표준의 예를 정리해 써 보세요.

신발 치수 표준	차량 통행 표준
• 우리나라에서는 230, 235처럼 5 ㎜씩 커짐. • 나라마다 조금씩 다름. 	

표준화의 역사 | • 중국의 진시황은 화폐, 문자, 도량형(길이, 단위, 무게 등)을 표준화하여 생활에 도움을 주었다.
• 미국의 헨리 포드는 자동차 생산 공정을 표준화하여 대량 생산을 하게 되었다.

❶ 인터넷 게시판을 읽고 댓글 쓰기

삶의 가치를 찾아서

민서는 읽고 싶었던 책《샬롯의 거미줄》을 읽고 인터넷 서점 게시판에 책의 줄거리와 느낀 점을 독자 후기도 남겼어요. 인터넷 게시판의 민서가 올린 독자 후기를 읽고 자신의 생각이나 느낌을 댓글로 써 보세요.

독자 후기

《샬롯의 거미줄》 거미 샬롯이 알려 준 삶의 가치

작성자: 김민서 | 등록일: 2000 . 02 . 12 | 조회: 30

《샬롯의 거미줄》은 학교에서 연극 공연을 한 작품입니다.《샬롯의 거미줄》일부분만 꾸민 연극을 보고 나니 전체 이야기가 궁금해져서 책을 읽게 되었습니다.

월버는 펀의 돼지입니다. 월버가 태어날 때 새끼 중 가장 작고 약해서 아버지가 죽이려는 것을 펀이 막아서 키우게 되었습니다. 그러나 월버는 결국 삼촌 집에 팔려 갑니다. 펀은 삼촌의 헛간에 찾아가 월버를 자주 보는 것만으로도 행복했습니다. 삼촌이 월버를 햄이나 베이컨으로 만들려고 할 때 샬롯이라는 거미가 거미줄에 '대단한 돼지'라는 글씨를 새겨 넣어 월버를 살립니다. 그 이후로 월버와 샬롯은 좋은 친구가 됩니다. 가축 품평회에 가게 된 월버는 그곳에 샬롯이 같이 갔으면 했지만, 샬롯은 알을 낳아야 하는 시기여서 거절합니다. 하지만 월버가 간곡히 부탁하자 샬롯은 쥐 탬플턴과 함께 가게 됩니다. 품평회장에서 샬롯은 알이 514개나 들어 있는 알주머니를 만듭니다. 그리고 월버에게 '겸허한'이란 글자를 새겨 주어, 월버는 특별상을 받게 됩니다. 알을 낳고 힘이 빠진 샬롯은 그만 품평회장에 남아 죽음을 맞게 되고, 월버는 탬플턴의 도움을 받아 샬롯의 알주머니를 조심스럽게 떼 내어 농장으로 돌아옵니다. 그리고 새끼들이 태어날 때까지 최선을 다해 보살핍니다.

친구를 배려해 주는 샬롯 같은 멋진 친구가 있으면 좋겠다는 생각을 했지만, 한편으로는 샬롯이 불쌍했습니다. 샬롯은 배려를 받지 못했다는 생각이 들었기 때문입니다. 산란기인 샬롯을 굳이 월버가 품평회에 데리고 간 것이 마음에 들지 않았습니다. 그리고 샬롯의 희생을 보며 약한 거미지만 얼마든지 대단할 수 있고, 아무리 작고 하찮은 것이라도 무시해서는 안 된다는 것을 깨달았습니다.

댓글 (3)   공감순 ∨

ㄴ **만두좋아** 샬롯 같은 친구가 있다면 정말 깊은 우정을 쌓을 수 있을 것 같아요.   공감

ㄴ **바다보이** 샬롯이 죽어서 안타깝긴 했지만, 계속해서 죽음의 고비를 넘기며 소중한 친구를 잃은 월버가 더 불쌍하다고 느꼈어요. 소중한 친구를 잃었을 때의 감정은 상상하기 힘들 거예요.   공감

ㄴ **도서짱짱** 자기가 죽을 수 있다는 것을 알고도 월버를 위해 함께 해 준 샬롯의 모습이 너무 감동적이었고 슬펐어요.   공감

확인 이 내용이 담긴 디지털 매체는 인터넷 ㄱ ㅅ ㅍ 이다.

▶ 댓글 중에서 민서의 글과 반대 되는 생각을 가진 것에 ○표를 하세요.

| 만두좋아의 댓글 | 바다보이의 댓글 | 도서짱짱의 댓글 |

▶ 인터넷 게시판에 댓글을 쓸 때 주의할 점으로 알맞은 것에 ○표를 하세요.

| 게시판의 글과 생각이 같을 때에만 댓글을 써야 한다. | |

| 내 생각을 강조하기 위해 댓글로 같은 내용의 글을 여러 번 쓴다. | |

| 흥미 있는 내용이면 게시판의 내용과 관련 없는 댓글을 써도 된다. | |

| 은어, 비속어를 사용하지 않고 자신의 생각을 잘 표현하여 쓰는 것이 좋다. | |

활동 인터넷 게시판의 독자 후기를 읽고 내 생각이나 느낌을 댓글로 써 보세요.

← 댓글

댓글 달기

1000자 이내 등록

**인터넷 게시판에
글을 쓸 때의 예절**

• 게시판의 내용과 관련 있는 내용을 자유롭게 쓰되, 허위적인 내용은 쓰지 않아야 한다.
• 문법과 맞춤법에 맞는 표현을 사용한다.
• 개인 정보를 올리거나 받지 않아야 하고, 저작권을 침해하지 않아야 한다.

② 인터넷 뉴스를 읽고 카드 뉴스 만들기

세계의 궁

유네스코 세계 유산에는 다양한 건축물들이 있어요. 그 가운데 자금성, 베르사유 궁, 포탈라 궁도 있지요. 이 세 궁에는 어떤 역사가 전해지고 있을까요? 유네스코 세계 유산으로 등재된 세계의 궁에 대한 인터넷 뉴스를 읽고 카드 뉴스를 만들어 보세요.

NEWS | 과학 | 정치 | **문화** | TV연예 | 날씨

유네스코 세계 유산에 등재된 세계의 궁

김승주 기자   2000-05-11 14:26:12 | 조회 36

유네스코 세계 유산은 인류가 보존 보호해야 할 문화 및 자연 유산을 세계 유산으로 지정하여 보호하고 있는 문화재이다. 유네스코 세계 유산으로 등재된 세계의 궁에는 자금성, 베르사유 궁, 포탈라 궁 등이 있다.

자금성은 중국의 성이다. 예로부터 중국에서는 천자가 있는 곳이 우주의 중심인 자미원에 있다고 생각해 하늘 아래 세상을 다스리는 천자의 공간이라는 뜻에서 '자'를, 황제의 허락 없이는 아무도 접근할 수 없는 공간이라는 뜻에서 '금'을 써서 지은 이름이라고 한다.

1406년 명나라 영락제가 베이징으로 천도하며 건설하였으며, 명·청 시대 두 왕조 24명의 황제가 이곳에서 중국을 통치했다. 중국 베이징 중심부에 위치한 궁궐로, 현존하는 궁궐로는 세계 최대 규모이다. 1987년에 유네스코 세계 유산으로 등재되었고 현재는 박물관으로 사용되고 있는데, 이곳에 가면 황제들의 생활 모습과 옛 중국의 화려한 문화를 볼 수 있다.

베르사유 궁은 태양왕 루이 14세가 새롭게 고쳐 지은 프랑스의 궁으로, 유사 이래 가장 화려한 궁이라는 평가를 받는 건물이다. 1624년 처음 지어진 이 궁은 50년이 넘는 공사 기간을 거쳐 지금의 모습을 갖게 되었다. 방은 약 수천 개에 달하는데, 이 가운데 가장 유명한 방이 거울의 방이다. 총길이 약 73m, 폭 약 10m의 거대한 이 방은 벽과 천장이 수백 개의 거울로 되어 있으며, 이 방에 있는 샹들리에와 촛대, 화병 등은 당시의 최고급 상품이라고 한다. 하지만 호화로운 베르사유 궁 때문에 백성들은 엄청난 세금에 지쳐 갔고, 계속되는 전쟁으로 점점 왕을 원망하게 되었다.

확인 이 내용이 담긴 디지털 매체는 인터넷 ［ㄴ］［ㅅ］이다.

베르사유 궁은 정치, 경제의 중심지였지만, 1789년 프랑스 혁명 이후에는 궁전으로서의 기능을 잃고 방치되다가 박물관으로 이용되었다. 1979년 유네스코 세계 유산으로 등재되었으며, 오늘날에는 역사 미술관으로 일반에게 공개되고 있다.

포탈라 궁은 중국 티베트 자치구의 라싸에 있는 달라이 라마의 궁전으로, '하얀 궁전'의 바깥쪽 아랫부분이 한가운데 솟아 있는 '붉은 궁전'을 감싸 안고 있는 형태로 되어 있다. 화려하게 장식한 중앙의 큰 홀은 신과 성인들, 선임 라마들에게 바치는 네 개의 예배당으로 구성되어 있는데, 이 홀의 북쪽에 있는 성인들의 예배당이 포탈라에서 가장 신성한 장소라고 한다.

이 궁전의 중심에 있는 붉은 궁전은 종교 의식을 하는 곳으로, 1690년에 13층으로 건설된 궁이다. 궁의 중심인 영탑전에는 8기에 이르는 역대 달라이라마의 영탑이 있으며, 벽 전체에 짙은 붉은 색이 칠해져 있는 것이 특징이다.

티베트 국왕 송첸 감포가 7세기에 세운 건물은 파괴되어 거의 그 흔적을 찾아볼 수 없고, 현재 포탈라 궁에서 가장 오래된 부분은 대부분 5대 달라이라마 시대에 지어진 것이다. 이곳은 1994년 유네스코 세계 유산으로 등재되었다.

자금성, 베르사유 궁, 포탈라 궁과 같은 유네스코 세계 유산에 못지않게 아름다운 풍경을 자랑하는 곳이 우리나라에도 있다. 바로 창덕궁인데, 우리나라 창덕궁 역시 1997년 유네스코 세계 유산에 등재되었다.

카드 뉴스의 특징

- 전달하고자 하는 정보를 간결한 글과 여러 장의 이미지로 구성하여 표현하는 카드 형식의 뉴스를 말한다.
- 첫 장은 전달하고자 하는 전체적인 내용을 제목과 이미지로 구성한다.
- 빠른 정보 전달의 장점이 있는 반면, 내용 전달 한계의 단점이 있다.

▶ 인터넷 뉴스의 내용으로 알맞은 것에 모두 ◯표를 하세요.

1406년 명나라 영락제가 베이징으로 천도하며 건설하였으며, 명나라의 황제만 자금성에서 중국을 통치했다.

자금성은 중국 베이징 중심부에 위치한 궁궐로, 현존하는 궁궐로는 세계 최대 규모이다. 현재는 박물관으로 사용되고 있다.

1979년 유네스코 세계 유산으로 등록된 베르사유 궁은 오늘날에는 일반에 공개되지 않고 있다.

베르사유 궁은 루이 14세가 새롭게 고쳐 짓기 시작하여 50년이 넘는 공사 기간을 거쳐 지금의 모습을 갖게 되었다.

현재 포탈라 궁에서 가장 오래된 부분은 대부분 5대 달라이라마 시대에 지어진 것이다.

포탈라 궁 중앙 홀의 남쪽에 있는 성인들의 예배당이 가장 신성한 장소이다.

▶ 유네스코 세계 유산에 등재된 세계의 궁에 대한 카드 뉴스를 만들기 위해 더 찾아볼 자료로 알맞지 <u>않은</u> 것의 기호를 쓰세요.

㉮ 한국 유네스코 세계 유산 창덕궁
㉯ 스페인 유네스코 세계 유산 알함브라 궁전
㉰ 프랑스 유네스코 세계 유산 노트르담 대성당

활동 인터넷 뉴스를 바탕으로 하여 유네스코 세계 유산에 등재된 세계의 궁에 대한 카드 뉴스를
완성해 보세요.

유네스코 세계 유산으로 등재된
세계의 궁 가운데 자금성,
베르사유 궁, 포탈라 궁에
대해 알아볼까요?

자금성

베르사유 궁

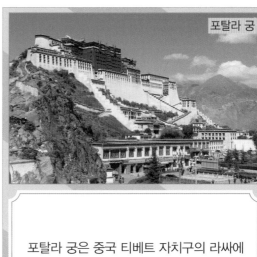

포탈라 궁

포탈라 궁은 중국 티베트 자치구의 라싸에
있는 달라이라마의 궁전으로, 하얀 궁전이
붉은 궁전을 감싸 안고 있는 형태로 되어 있
으며 궁의 중심인 영탑전에는 8기에 이르는
역대 달라이라마의 영탑이 있습니다.

1 온라인 대화를 읽고 마인드맵으로 정리하기

환상의 싱크홀

진서가 도로에서 싱크홀을 발견하고 사진을 찍어 과학반 친구들의 온라인 대화방에 공유했어요. 진서와 친구들의 대화 내용을 읽고, 싱크홀에 대해 알게 된 내용을 마인드맵으로 정리해 보세요.

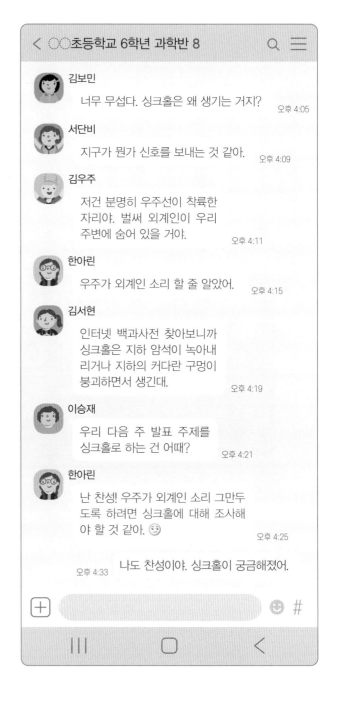

확인 이 내용이 담긴 디지털 매체는 온라인 ⬚ ⬚ ⬚ 이다.

▶ 온라인 대화의 주제에 ○표를 하세요.

> 도로에서 발견된 싱크홀

> 우주선의 착륙과 외계인의 침투

▶ 온라인 대화에서 김우주가 고쳐야 할 점을 골라 ○표를 하세요.

이모티콘을 너무 많이 사용했다.	
인터넷 백과사전 내용을 전달했다.	
추측한 내용을 확실한 사실인 것처럼 이야기했다.	

활동 온라인 대화 내용을 바탕으로 싱크홀에 대해 알게 된 내용을 마인드맵으로 정리해 보세요.

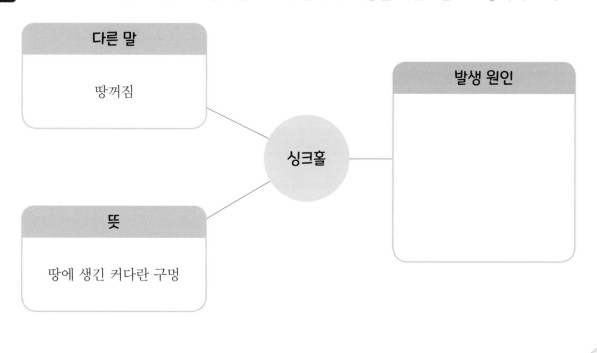

다른 말

땅꺼짐

발생 원인

싱크홀

뜻

땅에 생긴 커다란 구멍

싱크홀이란

• '가라앉다'는 뜻의 'sink'와 구멍을 뜻하는 'hole'이 합쳐진 말이다.
• 주로 탄산 칼슘으로 이루어진 석회암 지형에서 일어나는 현상이다.
• 화강암과 편마암이 많은 우리나라에서 발생하는 원인으로 낡은 수도관과 무리한 도시 개발을 꼽고 있다.

5회

생활

2 스토리보드를 읽고 온라인 대화 하기

광고 스토리보드 만들기

해준이는 학교 숙제로 광고 스토리보드 만들기를 해 봤어요. 어떤 상품을 알릴까 생각한 다음 그 상품을 잘 알릴 수 있는 문구를 넣어 만들었답니다. 해준이가 만든 스토리보드를 읽고 광고의 표현에 대한 자신의 생각을 써 보세요.

#1

키 성장 영양제

키가 크고 싶나요?

#2

자고 일어나면 키가 쑥~!

#3

조사에 따르면 99%가
효과 있다고 답함.

이제 키 고민 끝!

#4

부작용에 주의하세요.
(효능은 사람에 따라 다를 수 있음.)

누구나 클 수 있어요!

 이 내용이 담긴 디지털 매체는 □□로, 이 글은 광고를 만들기 위한 스토리보드이다.

3
주차

▶ 해준이가 알리려고 하는 상품은 무엇인지 ○표를 하세요.

| 성장 영양제 | 비타민 영양제 | 뇌 영양제 |

▶ 스토리보드를 통해 알 수 있는 광고의 내용으로 알맞은 것에 ○표를 하세요.

이 영양제를 먹으면 키가 큰다.	
이 영양제를 먹으면 몸이 튼튼해진다.	
이 영양제는 부작용이 없다.	

활동 스토리보드를 본 친구들의 반응을 보고 광고의 표현에 대한 자신의 생각을 써 보세요.

< 친구들 이야기방 4　　Q ☰

김소율
자고 일어나면 키가 큰다니.
너무 과장된 광고가 될 것
같은데?
　　　　　　　오전 9:16

정현우
맞아. 조사에 따르면
99%가 만족했다는데. 어
떤 조사인지도 써 있지
않아서 믿음이 안 가.
　　　　　　　오전 9:17
∨

< 친구들 이야기방 4　　Q ☰

이준서
얘들아. 광고는 어느 정도
과장된 내용이 들어갈 수밖
에 없어. 많이 팔기 위해서
는 홍보가 되어야 하니까.
　　　　　　　오전 9:20

|||　　○　　<

광고를 비판적으로 읽기 | • 광고는 광고를 보는 사람들의 마음을 움직여 설득하는 것을 목적으로 한다.
• 광고에서 거짓된 내용이나 과장된 내용을 살펴본다.
• 광고에서 눈에 잘 띄는 내용이 유리한 내용만 강조한 것은 아닌지 살펴본다.
• 광고에서 불리한 내용은 눈에 잘 띄지 않게 작게 썼는지 살펴본다.

1 전자 우편의 특징을 알맞게 말하지 <u>않은</u> 친구의 이름을 쓰세요.

> 세라: 다른 사람과 실시간 대화를 할 때 주로 사용해.
> 용호: 인터넷만 연결되어 있으면 언제 어디서라도 의사소통이 가능해.
> 연주: 같은 내용을 동시에 여러 명에게 보낼 수 있어.

(   )

2 다음은 어디에서 찾은 자료인가요? (   )

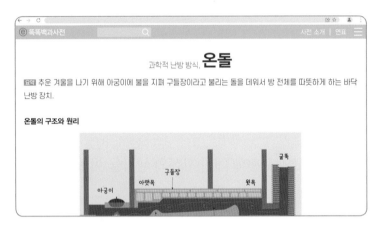

① 블로그   ② 인터넷 뉴스
③ 온라인 대화방   ④ 인터넷 게시판
⑤ 인터넷 백과사전

3 다음에서 알맞은 말에 ◯표를 하세요.

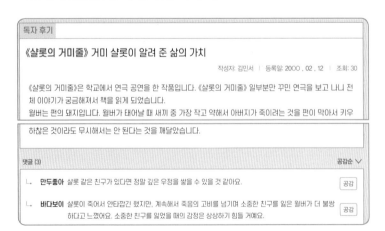

> 위와 같은 매체를 읽고 짧게 의견이나 느낌 등을 쓰는 것을 (댓글 , 답글)이라고 한다.

4

왼쪽과 같은 매체의 목적은 무엇인가요? (   )

① 설득

② 재미

③ 교훈

④ 안부

⑤ 친화

5 다음 매체에 대한 설명으로 알맞은 것은 무엇인가요? (   )

① 글이나 사진 등으로 정보를 제공한다.

② 다른 사람과 실시간 대화를 할 수 있다.

③ 다른 사람에게 전하고 싶은 생각을 전달한다.

④ 글쓴이가 관심 있는 정보만 모아서 내용을 구성한다.

⑤ 재미있는 그림문자 등을 사용하여 대화를 주고받는다.

6 다음 매체에 대한 설명으로 알맞은 것을 두 가지 고르세요. (   )

① 인터넷 뉴스의 광고이다.

② 영상으로 만들어진 것이다.

③ 사진과 글로 구성된 읽을거리이다.

④ 실리는 내용이 너무 길어질 수 있다.

⑤ 줄글로만 된 뉴스에 비해 읽기가 쉽다.

7 온라인 대화방을 통해 대화할 때의 장점으로 알맞지 <u>않은</u> 것을 두 가지 고르세요. (   )

① 쉽게 정보를 공유할 수 있다.

② 만나지 않고도 여러 사람과 함께 대화할 수 있다.

③ 주제를 정해 대화하다가 다른 내용으로 쉽게 빠질 수 있다.

④ 너무 많은 대화가 오가다 보면 중요한 내용을 놓칠 수 있다.

⑤ 컴퓨터나 스마트폰만 있으면 시간과 공간의 제약을 받지 않는다.

행복해지려면?

"준현아, 어제 학교 담임 선생님께서 전화를 하셨어. 너, 학교에서 무슨 일 있었니?"

아침밥을 먹는 준현이에게 엄마가 물으셨어요. 준현이는 잠자코 고개를 흔들었어요. 엄마한테 뭐라고 설명하기가 어려웠어요. 또 지난번 상담 선생님 앞에서 울었던 것처럼 또 눈물이 날까 봐 싫었지요.

다음 날, 학교에 다녀 온 엄마 표정이 어두웠어요. 준현이는 슬금슬금 엄마의 눈치를 살폈지요. 며칠 뒤, 엄마 아빠가 준현이를 부르셨어요.

'혹시 그 상담 때문인가? 괜히 그런 얘기를 털어놓았나 봐.'

준현이는 그런 생각을 하며 자리에 앉았어요.

엄마가 먼저 말을 꺼내셨어요.

"담임 선생님과 상담 선생님한테 많은 얘기를 들었어. 우리 준현이가 불행하다고, 학원이랑 숙제 때문에 너무 힘들다고 했다고……."

엄마가 더 말을 잇지 못했어요. 엄마의 눈가가 촉촉해졌어요. 그런 엄마를 보니 준현이는 미안한 마음이 들었어요.

"엄마, 죄송해요. 괜히 제가 그런 얘기를 해서……."

"아니야, 준현아. 네가 지금이라도 네 마음을 솔직하게 털어놓아서 다행이야. 그런 줄도 모르고 일주일 내내 널 학원에 보낸 것이 잘못이지."

준현이는 그날 아빠 엄마와 많은 이야기를 나눴어요.

"저는 그냥 늘 일 등을 해야 한다고 생각했어요. 일 등을 해야만 나중에 좋은 대학을 가고, 좋은 직업을 가질 수 있다고요. 그래서 제가 학원을 여러 개 다녀야 한다고 고집을 부렸고요."

준현이의 말에 엄마가 크게 한숨을 내쉬었어요.

"엄마도 어렴풋이 그런 건 짐작하고 있었는데 바쁘다는 핑계로 자꾸 너랑 얘기하는 걸 미루었다는 생각이 들어서 정말 미안하구나."

"아니에요, 엄마. 제가 너무 욕심이 많았어요. 늘 일 등을 해야 한다고 생각해서 욕심을 부려 이 학원, 저 학원 다녔던 것 같아요. 못한단 소리는 정말 죽기보다도 싫었거든요. 그러면서도 힘들다는 생각은 많이 했는데, 그걸 얘기할 수 없었어요. 제가 고집 부렸잖아요."

정말 그랬어요. 엄마는 그 많은 학원을 다 다니는 건 무리라고 했었는데, 준현이가 모두 다녀야 한다고 고집을 피웠거든요.

"엄마 아빠 잘못도 크다. 네가 그렇게 고집을 부리기에 직접 경험해 보면 알 거라고, 놔두라고 했거든."

아빠였어요.

준현이는 눈을 동그랗게 뜨고 아빠를 바라보다가 마주 보고 피식 웃었어요.

지금이라도 가족들이 모여 솔직하게 얘기를 하는 게 얼마나 다행이에요? 결국 준현이는 꼭 필요한 학원만 다니기로 했어요. 그리고 가족들 모두 바쁘게 지내다 보니 그동안 저녁 식사 한 끼 함께 할 시간도 없었다는 것을 새삼 깨닫게 되었어요. 그래서 준현이네 가족만의 일정을 잡기로 했어요. 이번에는 가족 여행을 가기로 했지요. 준현이는 정말 기뻤어요.

그 주 금요일, 준현이는 열심히 인터넷을 검색했어요.

"아빠랑 어디 놀러갈지 찾는 거니? 어디 갈 지는 정했어?"

엄마가 등 뒤로 컴퓨터 화면을 보며 물으셨어요.

"네, 통영에 가 보고 싶어서요. 그동안 텔레비전에서 자주 봤는데, 꼭 한 번
가 보고 싶어요!"

준현이가 우렁차게 대답했어요. 이번에 아빠랑 처음으로 단둘이 주말여행
을 가기로 한 준현이는 정말 신이 난 모양이었어요. 준현이는 인터넷으로 찾
은 자료를 뽑기도 하고, 나름 어디를 다닐지 생각하느라 아주 바빴어요. 그런
준현이에게 엄마가 말씀하셨어요.

"준현아, 집에 앉아서 수많은 정보를 찾아볼 수 있으니까 참 편리하고 좋아
졌지? 그러나 인터넷에서 찾은 정보가 다 맞는 건 아니란다. 여러 사람들이
올린 정보에는 틀린 점도 있고, 잘못된 정보가 올라와 있는 경우도 많아서
그 정보를 제대로 볼 수 있는 눈을 길러야 해."

준현이는 엄마 말씀이 통 이해가 되지 않았어요. 준현이가 고개를 갸우뚱거
리자 엄마가 웃으며 말씀하셨어요.

"엄마가 어릴 때는 직접 현장에 가서 조사를 하거나 도서관에 가서 책이나
자료를 찾아봐야 해서 좀 불편했어. 도서관이 지금처럼 가깝지도 않았거든.
그런데 그렇게 찾은 자료들은 꽤 가치가 있었지. 그것들은 꼼꼼하게 조사를
하고 나서 찾은 정보이고, 그 뒤에도 틀린 정보인지 아닌지를 가려낼려고
노력했기 때문이야. 인터넷에 있는 정보 중에는 제대로 확인하지 않고 쓰는
것들도 많기 때문에 모두 다 믿을 만한 정보인 것은 아니야."

준현이는 그 말에 고개를 끄덕였어요.

이어지는 내용은 134쪽에 >>>

"네, 아빠. 정말 좋아요. 우리 가족 모두 오는 것도 좋지만,
이렇게 아빠와 둘이 오는 것도 좋네요. 학원도 학습지도 줄이니 이젠 좀 살 것 같아요!"
"아이고, 무슨 세상 다 산 사람처럼 얘기하는구나. 하하하."

– 가치 동화 〈아빠랑 여행 가요!〉 중에서 –

4
주차

회		제목	학습 계획일	
1	생활	**1** 친구 사랑 실천하기	월	일
	역사	**2** 세계의 음식, 베트남 쌀국수	월	일
2	사회	**1** 점점 심해지는 아동학대	월	일
	과학	**2** 배가 바다에 뜨는 원리	월	일
3	문화	**1** 자유의 여신상	월	일
	생활	**2** 청소기 사세요	월	일
4	과학	**1** 플라스틱의 역습	월	일
	사회	**2** 게임 개발자가 궁금해요	월	일
5	과학	**1** 치료에 사용하는 빛	월	일
	생활	**2** 떡볶이 만들기	월	일
		확인 문제		
		가치 동화 [행복] 아빠랑 여행 가요! ④		

1 온라인 대화를 읽고 상장 내용 쓰기

친구 사랑 실천하기

태민이네 학교는 이번 한 달간 '친구 사랑' 캠페인을 벌이기로 했습니다. 태민이네 반에서는 '친구 사랑'을 실천하기 위해 무엇을 할지 아이디어를 모으고 있어요. 태민이같이 학급 게시판에 올릴 상장의 내용을 써 보세요.

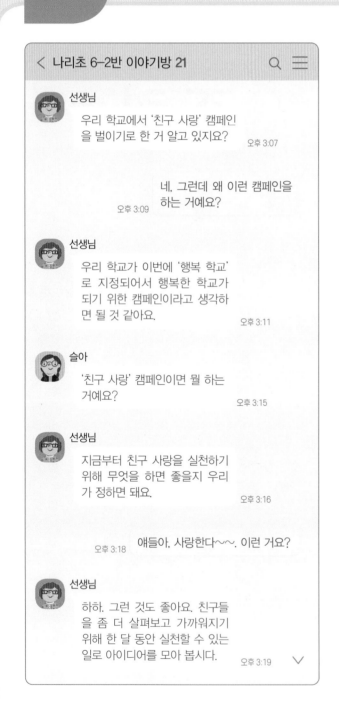

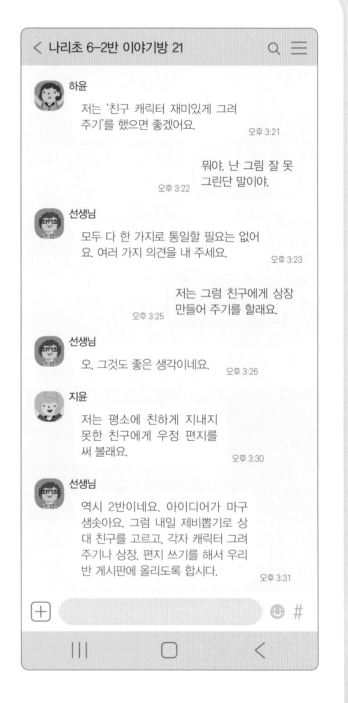

확인 이 내용이 담긴 디지털 매체는 온라인 ⬚ㄷ ⬚ㅎ ⬚ㅂ 이다.

주차

▶ 온라인 대화를 통해 알 수 있는 내용을 모두 골라 ○표를 하세요.

태민이네 학교에서는 '친구 사랑' 캠페인을 벌이기로 했다. ☐

태민이네 반에서는 친구 캐릭터 그리기, 친구에게 줄 상장 만들기, 우정 편기 쓰기를 하기로 했다. ☐

태민이는 캠페인에서 친구 캐릭터 그리기를 하기로 했다. ☐

▶ 다음 상황에 알맞은 상 이름을 써 보세요.

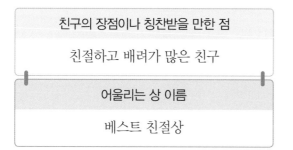

친구의 장점이나 칭찬받을 만한 점

친절하고 배려가 많은 친구

어울리는 상 이름

베스트 친절상

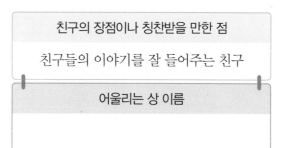

친구의 장점이나 칭찬받을 만한 점

친구들의 이야기를 잘 들어주는 친구

어울리는 상 이름

활동 학급 게시판에 올릴 '친구에게 주는 상'의 내용을 써 보세요.

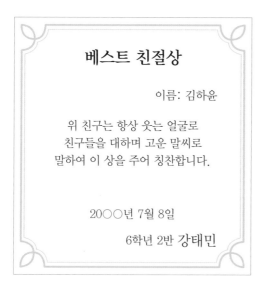

베스트 친절상

이름: 김하윤

위 친구는 항상 웃는 얼굴로
친구들을 대하며 고운 말씨로
말하여 이 상을 주어 칭찬합니다.

20○○년 7월 8일

6학년 2반 강태민

상

이름:

위 친구는

20○○년 월 일

학년 반

**친구들에게 줄 상을
만들 때 생각할 점**

• 친구의 장점, 열심히 하거나 노력한 점 등 칭찬받을 점을 떠올린다.
• 상장에는 상 이름과 칭찬하는 이유를 구체적으로 쓴다.
• 친구들 사이에 주고받는 것이므로 편하고 재미있는 말로 써도 좋다.

2 SNS와 블로그를 읽고 마인드맵으로 정리하기

세계의 음식, 베트남 쌀국수

세나네 가족은 주말에 베트남 음식 전문점에 갔어요. 세나는 그곳에서 맛 본 맛있는 쌀국수 사진을 SNS에 올리고, 쌀국수에 대한 정보를 찾아보았어요. SNS와 블로그를 통해 알게 된 쌀국수에 대한 정보를 마인드맵으로 정리해 보세요.

확인 이 내용이 담긴 디지털 매체는 SNS와 ⬚ ⬚ ⬚ 이다.

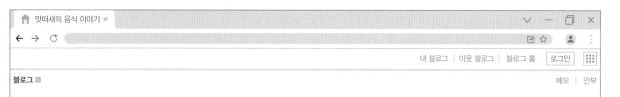

맛떠새의 음식 이야기 ×

내 블로그 | 이웃 블로그 | 블로그 홈   로그인

블로그   메모 | 안부

시원한 국물의 끝판왕, 베트남 쌀국수

 맛떠세   20○○. 03. 11. 21:02   URL 복사

안녕하세요? 오늘 떠날 여행지는 베트남입니다. 베트남 음식 하면 가장 먼저 떠오르는 것이 쌀국수죠. 베트남에서 쌀국수는 식당뿐 아니라 베트남 어디서나 쉽게 볼 수 있는 길거리 음식으로, 베트남 현지분만 아니라 세계적으로 잘 알려져 있습니다. 자, 맛을 찾아 떠나는 세계 여행, 그럼 베트남 쌀국수를 향해 출발합니다.

베트남은 쌀을 재배하기에 아주 좋은 자연환경을 갖추고 있어서 베트남의 한해 쌀 생산량이 베트남 전체 농업 생산량의 절반에 달할 정도입니다. 이처럼 풍부한 쌀로 면을 뽑아 만든 음식이 바로 쌀국수입니다. 베트남에서는 쌀국수를 '퍼'라고 부르며, 바쁜 아침의 간편한 식사로, 혹은 출출할 때 간식으로 즐겨 먹는 음식입니다.

베트남 쌀국수의 역사
쌀국수의 역사는 그리 길지 않습니다. 프랑스 식민지 시절에 시작되어, 하노이 유역에서 서민들에게 사랑받는 대중 음식으로 자리잡았고, 1950년대에 남부지방과의 교류가 빠르게 이루어지면서 베트남의 대표 음식이 되었습니다. 그리고 베트남 전쟁을 계기로 미국, 프랑스, 호주 등으로 이주한 베트남 사람들이 현지에서 쌀국수를 팔기 시작하면서 세계적으로 알려지게 되었습니다.

베트남 쌀국수의 종류
쌀국수의 종류는 달콤한 소고기 쌀국수인 '퍼보', 담백한 닭고기 쌀국수인 '퍼가'가 대표적이며, 여기에 주재료와 육수, 고명 등에 따라 다양합니다. 쌀국수를 통해 베트남의 지역 간 입맛의 차이를 엿볼 수 있는데, 달고 기름진 음식을 선호하는 베트남 남부 사람들은 '퍼보'를 즐겨 먹고, 담백한 맛을 선호하는 북부 사람들은 '퍼가'를 즐겨 먹는다고 합니다.

태국의 쌀국수는?
- 베트남 쌀국수와 비교했을 때 가장 큰 차이는 육수에 있다.
- 태국 음식은 중국, 인도, 유럽의 음식 문화가 합쳐지면서 들어간 다양한 향신료가 독특한 향을 낸다.
- 베트남 쌀국수에 비해 자극적이면서 맛이 더 진하고 양념이 강하다.

▶ 세나가 SNS에서 소개한 음식은 무엇인지 ○표를 하세요.

| 일본 라멘 | 베트남 쌀국수 | 이탈리아 파스타 |

▶ '베트남 쌀국수'에 대한 내용으로 알맞지 않은 것에 ○표를 하세요.

베트남의 풍부한 쌀로 면을 뽑아 만든 음식이다.

태국 쌀국수는 베트남 쌀국수에 비해 국물이 담백하고 시원하다.

'퍼'라고 부르며, 바쁜 아침의 간편한 식사로, 혹은 출출할 때 간식으로 즐겨 먹는 음식이다.

베트남 전쟁을 계기로 다른 나라로 이주한 베트남 사람들이 현지에서 쌀국수를 팔기 시작하면서 세계적으로 알려지게 되었다.

▶ 베트남의 남부와 북부에서 즐겨 먹는 쌀국수의 이름을 각각 쓰세요.

활동 SNS와 블로그를 통해 알게 된 쌀국수에 대한 정보를 마인드맵으로 정리해 보세요.

지역적 환경

베트남은 쌀을 재배하기에 아주 좋은 자연환경을 갖추고 있어 풍부한 쌀로 면을 뽑아 만든 음식인 쌀국수가 즐겨 먹는 음식이 됨.

역사

베트남 쌀국수

쌀로 만든 국수에 육수를 넣은 음식이다.

종류

퍼가

달콤한 소고기 쌀국수,
베트남 남부

1 인터넷 뉴스를 읽고 게시판에 글 쓰기

점점 심해지는 아동학대

아버지가 9살 어린이를 굶기고 때린 안타까운 사건이 일어났어요. 아동학대를 줄이기 위해서는 어떤 방법이 있을지 생각하며 인터넷 뉴스를 읽고, 인터넷 게시판에 건의하는 글을 써 보세요.

NEWS | 과학 | 정치 | **이슈** | TV연예 | 날씨   + ✉ ⠿

굶기고 때리고 … 점점 심해지는 아동학대

현재호 기자   입력 20○○-01-26 오후 7:01

9살 어린이가 가정에서 학대를 받다가 탈출하는 안타까운 사건이 발생했다. 지난 12일 안남시에 있는 한 편의점에서 9살 A군이 과자를 훔쳐 먹다가 주인에게 발견되었다. 영하 10도의 매우 추운 날씨에도 불구하고 A군은 맨발에 지저분한 반소매 차림으로 덜덜 떨고 있었다. 이 모습을 이상하게 생각한 편의점 주인은 경찰에 신고를 하였고, 조사 결과 오랜 기간 계속되던 가정 내 학대가 드러났다.

A군을 학대한 사람은 A군의 친아버지인 B씨였다. B씨는 지난해 겨울 안남시로 이사 온 이후부터 매일 게임만 하며 A군을 학교에도 제대로 보내지 않았다.

경찰 조사에서 A군은 아버지인 B씨가 하루 종일 컴퓨터 앞에서 게임만 하며 밥도 제대로 주지 않았으며, 배가 고파 먹을 것을 찾아먹으면 폭행을 일삼았다고 했다. 실제로 발견 당시 A군은 영양 상태가 매우 좋지 않았고, 110cm에 15kg으로 또래 아이들보다 훨씬 작았다.

배고픔과 폭행을 견디기 힘들었던 A군은 지난 12일에 집 화장실 창문을 열고 탈출했다. 그리고 편의점에 가서 과자를 훔쳐 먹었던 것이다.

B씨는 왜 A군을 때리고 굶겼느냐는 질문에 죄송하다는 말을 되풀이하며 자신의 범죄를 인정했다.

♥ 공감 70 | ∨   💬 댓글 55 | ∧

↳ **참사랑** 같은 초등학생 아이를 둔 부모로서 어떻게 자기 자식에게 그럴 수 있는지 의문이 드네요.

↳ **소라맘** 가정에서 일어나기 때문에 밝혀지기 힘든 이러한 아동학대에 대한 대처가 필요합니다.

확인 이 내용이 담긴 디지털 매체는 인터넷 [ㄴ][ㅅ]이다.

▶ 인터넷 뉴스의 내용으로 알맞은 것에 ○표를 하세요.

> 이 글은 (아동학대 , 빈부격차)로 인해 일어난 사건에 대한 인터넷 뉴스이다.

▶ 인터넷 뉴스에 대한 설명으로 알맞은 것을 모두 골라 ○표를 하세요.

정확한 사실을 있는 그대로 전달한다.	
어떤 대상을 알리기 위해 과장해서 표현한다.	
기사 내용을 읽는 사람에게 빠르게 전할 수 있다.	

활동 인터넷 신문 기사 내용을 바탕으로 하여 인터넷 게시판에 건의하는 글을 써 보세요.

자유 게시판

🏠 참여 소통 > 열린 게시판 > 자유 게시판   ↗ 인쇄

인터넷 신문 기사
vs
종이 신문 기사

• 종이 신문 기사는 기사의 길이에 대한 제한이 있지만, 인터넷 신문 기사는 기사 길이에 자유롭고 수정도 가능하다.
• 종이 신문 기사는 인쇄된 형태로 읽는 사람들에게 제공되는 단계에서 끝나지만, 인터넷 신문 기사는 댓글을 달 수 있어 읽는 사람들과 소통을 할 수 있다.

2 블로그를 읽고 새로 알게 된 내용 정리하기

배가 바다에 뜨는 원리

'철은 물에 가라앉는데 철로 만든 커다랗고 무거운 배는 어떻게 바다 위에 뜰 수 있을까?' 궁금해진 민서가 인터넷에서 찾아본 내용을 블로그에 정리했어요. 블로그를 읽고 새로 알게 된 내용을 정리해 보세요.

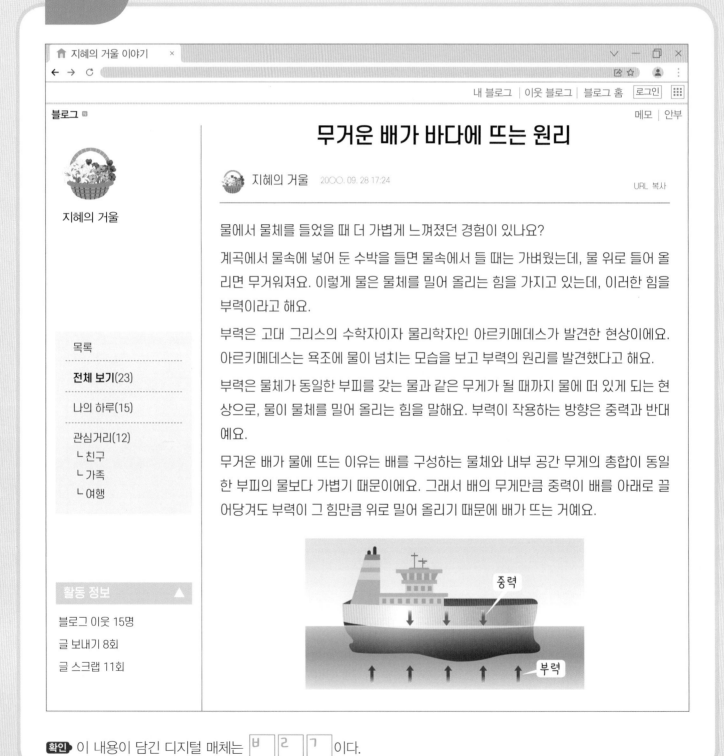

확인 이 내용이 담긴 디지털 매체는 [ㅂ][ㄹ][ㄱ] 이다.

▶ 블로그를 읽고 다음에서 설명하는 것은 무엇인지 찾아 쓰세요.

> 물이 물체를 밀어 올리는 힘을 말한다.

▶ 부력의 원리를 발견한 사람은 누구인지 ○표를 하세요.

> 플라톤   소크라테스   아르키메데스

활동 블로그를 읽고, 새롭게 알게 된 정보를 정리해 써 보세요.

> 수십 톤이 넘는 배가 바다 위
> 에 떠 있는 모습을 볼 때마다
> 신기했는데, 부력이라는 현상
> 에 의해 배가 뜰 수 있다는 것
> 을 알게 됐다.

부력의 발견

아르키메데스는 왕으로부터 왕관이 순금인지 은이 섞여 있는지 알아내라는 명령을 받았다. 방법을 고민하던 아르키메데스는 목욕을 하기 위해 욕조에 몸을 담갔다가 물이 흘러 넘치는 것을 보고 순금과 은은 부피가 다르므로 물이 밀어내는 힘도 다르다는 부력의 원리를 발견하며 '유레카!'라고 외쳤다고 한다.

1 블로그를 읽고 광고 만들기

자유의 여신상

세계에는 다양한 건축물이 있어요. 그 중에서 미국 뉴욕에 있는 자유의 여신상은 미국의 독립 100주년을 기념해 프랑스에서 선물한 거예요. 미국 자유의 여신상을 관광하고 쓴 블로그를 읽고 자유의 여신상 여행을 홍보하는 광고를 만들어 보세요.

자유의 여신상을 만나다

🐦 빵나무   2000. 10. 09 17:33

URL 복사

꿈에 그리던 뉴욕에 가다

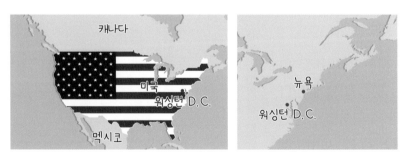

인천 공항에서 뉴욕 JFK 공항까지는 직항으로 17시간 정도를 갑니다. 꿈에도 그리는 뉴욕 여행을 위해 17시간의 비행이 정말 길게 느껴질 정도였습니다. 공항에 도착해 한인 택시로 맨하튼 숙소까지 가서 짐을 풀고 자유의 여신상을 보러 가기 위한 준비를 했습니다. 자유의 여신상이 있는 리버티 섬까지 가려면 우선 배터리 파크에 가야 합니다. 그곳에서 페리로 약 25분 정도 걸리는데요, 맨해튼 섬 남쪽 끝에 위치한 배터리 파크는 항상 자유의 여신상을 보러 가기 위한 관광객들로 넘쳐난다고 합니다. 그래서인지 페리 승선을 기다리는 관광객을 위한 판토마임, 댄스, 노래와 같은 공연이 한참이었습니다. 대중교통을 이용해 배터리 파크를 가려면 전철 4, 5선 볼링그린역에서 내리면 됩니다.

확인 이 내용이 담긴 디지털 매체는 ㅂ ㄹ ㄱ 이다.

눈앞에 자유의 여신상이!

티켓을 사서 페리를 타고 20분 정도 가니 눈앞에 거대한 자유의 여신상이 펼쳐졌습니다. 뉴욕의 상징 인 이 조각상의 정식 명칭은 '세계를 비추는 자유'입니다. 프랑스와 미국의 친선을 기념하는 의미로 프랑스가 선물한 것으로, 조각가 프레데릭-오귀스트 바르톨디가 약 10년에 걸쳐 만든 것으로 유명합 니다. 설계는 에펠탑을 건축한 귀스타브 에펠이 했다고 합니다. 받침대 위에 선 여신은 부드럽게 흘러 내리는 옷을 입고 머리에는 7개의 대륙을 상징하는 왕관을 쓰고 있으며, 왼손에 들고 있는 책에는 미 국 독립기념일인 1776년 7월 4일이 로마자로 적혀 있습니다. 오른손에 들고 있는 횃불은 세계 모든 나라를 비추는 자유의 빛을 상징한다고 합니다.

이민자들의 나라 미국에 있어서 미국의 독립을 기념하여 만든 자유의 여신상은 상징적인 의미를 가 지고 있습니다. 자유의 여신상은 1984년 유네스코 세계 유산으로 등재되었다고 합니다.

자유의 여신상 속으로

자유의 여신상 안쪽으로 들어가 왕관 부분에서 관람할 수 있다는 사실을 아십니까? 미리 신청한 사람 에 한해서 내부 관람이 허락됩니다. 자유의 여신상 내부의 계단은 왕관까지 연결되어 있었습니다. 겉 모습과 다르게 내부는 엄청 좁아서 힘들게 계단을 올라가야만 했습니다. 높이가 46m 정도인 자유의 여신상의 무게는 225t 정도인데, 무겁게 느껴진 겉모습과 다르게 두께는 얇았고 내부는 텅 비어 있었 습니다. 그리고 여러 기계 장치와 지지 장치의 철제 구조물로 가득했습니다. 왕관 부분에서 밖을 내다 보니 대서양이 훤히 보였습니다. 대서양을 바라보며 진정한 자유에 대한 생각에 잠길 수 있었습니다. 이 모습을 보기 위한 방문객들로 내부가 붐볐지만 절대 빼놓을 수 없는 광경이니 뉴욕을 여행하시는 분들은 꼭 한번 올라가시길 추천 드립니다. 운영 시간은 09:30~17:00입니다.

#미국   #뉴욕   #자유의여신상   #자유   #리버티섬   #동상   #프랑스   #왕관   #계단

**자유의 여신상에
대한 상식**

- 뉴욕을 가장 대표하는 동상으로 미국 '아메리칸 드림'의 상징이다.
- 프랑스에서 미국으로 올 때에는 높이가 약 50m 정도 되는 동상을 300여 조각으로 해체해 운반했다.
- 원래는 갈색을 띠었으나 공기 중에 조금씩 변색되어 지금과 같은 푸른색 이 되었다.

▶ 블로그를 통해 알 수 있는 내용으로 알맞은 것에 모두 ○표를 하세요.

인천 공항에서 JFK 공항까지의 직항 시간	

자유의 여신상이 서 있는 곳	

맨해튼 섬의 규모	

▶ 이 글을 읽고 뉴욕 여행을 계획하려고 합니다. 뉴욕에 대해 더 찾아봐야 할 것의 기호를 두 가지 쓰세요.

⑦ 뉴욕에서 한인 택시를 타는 방법
⑭ 자유의 여신상 내부 관광 운영 시간
⑭ 대중 교통을 이용해 배터리 파크로 가는 방법
⑭ 자유의 여신상 내부 관광을 위한 사전 신청 방법

▶ 블로그를 읽고 '자유의 여신상'에 대한 키워드를 뽑아 보려고 합니다. 알맞은 내용에 모두 ○표를 하세요.

궁궐	독일	리버티 섬
왕관	워싱턴	세계 유산

활동 블로그 내용을 바탕으로 '자유의 여신상' 관광을 홍보하는 광고를 카드 뉴스로 만들어 보세요.

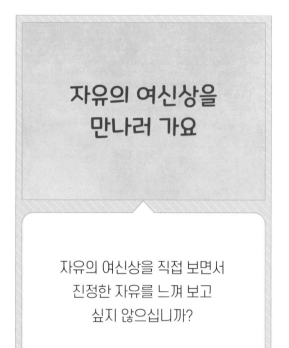

자유의 여신상을
만나러 가요

자유의 여신상을 직접 보면서
진정한 자유를 느껴 보고
싶지 않으십니까?

뉴욕
워싱턴 D. C.

배터리 파크에서 리버티 섬까지
페리를 타고 약 20분 정도 가면
거대한 자유의 여신상이
눈앞에 펼쳐집니다.

2 광고를 읽고 온라인 대화 하기

청소기 사세요

보민이의 아빠는 종이 신문을, 보민이는 누리집을 보고 있는데 'D7 청소기'를 사도록 하기 위해 청소기를 알리는 광고가 나왔어요. 신문 광고와 누리집 배너 광고를 보고, 온라인 대화방에 광고에 대한 생각을 써 보세요.

● 신문 광고

● 누리집 배너 광고

확인 이 내용이 담긴 디지털 매체는 신문 광고와 누리집 배너 [ㄱ] [ㄱ] 이다.

▶ 신문과 누리집에서 광고하고 있는 제품에 ○표를 하세요.

| 세탁기 | 청소기 | 냉장고 | 식기세척기 |

▶ 신문 광고와 누리집 배너 광고에 대한 내용으로 알맞은 것에 ○표를 하세요.

신문 광고는 제품에 대한 정보를 사진과 글 등으로 전달한다.

누리집 배너 광고는 광고를 보는 사람의 반응을 즉시 확인할 수 있다.

활동 신문 광고를 본 친구들의 반응을 보고 자신의 생각을 써 보세요.

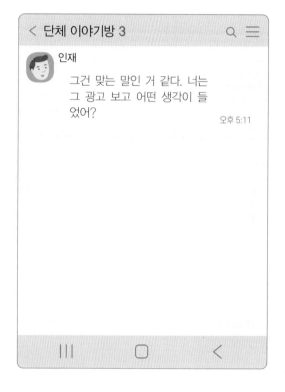

< 단체 이야기방 3

두현
청소기가 새로 나왔나 봐. 아빠가 청소기 새로 사야 한다고 하셔서인지 청소기 광고가 계속 눈에 보여.
오후 5:07

인재
새로 나온 청소기는 아주 강력한가 봐. 1초 만에 먼지가 사라진대.
오후 5:08

두현
에이, 광고니까 다 좋게만 써 놓은 거지. 광고를 보면서 제품에 대한 정보를 얻고, 정확한 사실이 아닌 내용은 잘 판단해서 들어야 해.
오후 5:10

< 단체 이야기방 3

인재
그건 맞는 말인 거 같다. 너는 그 광고 보고 어떤 생각이 들었어?
오후 5:11

청소기의 원리

공기의 압력인 기압은 높은 곳에서 낮은 곳으로 이동한다. 청소기는 이런 공기의 압력 차이를 이용하여 먼지를 빨아들인다. 청소기 안쪽에서 강한 바람을 만들어서 밖으로 내보내면 청소기 안쪽의 기압이 낮아지고 주변의 공기와 함께 먼지나 쓰레기까지 기압이 낮아진 청소기 안쪽으로 빨려 들어가면서 청소가 된다.

▶ 미세 플라스틱이 들어 있는 물건을 모두 골라 ○표를 하세요.

치약	화장품	아이스팩

▶ 뉴스 방송 대본의 내용으로 알맞은 것에 모두 ○표를 하세요.

플라스틱은 가볍고 단단하여 많이 사용되고 있다.	
미세 플라스틱은 배출하면 하수 처리장에서 걸러진다.	
플라스틱은 환경 호르몬을 포함하고 있다.	

활동 뉴스 방송 대본을 읽고 환경에 대해 제안하는 글을 인터넷 게시판에 쓰세요.

자유 게시판

🏠 참여 소통 > 열린 게시판 > 자유 게시판   ↗ 인쇄

미세 플라스틱으로부터 안전하게 수산물을 섭취 하는 방법	• 수산물은 가급적 내장을 제거한 후 섭취한다. • 바지락은 소금물에 30분간 해감할 경우 미세 플라스틱이 90% 이상 제거되므로, 조개류는 껍질을 깨끗이 씻고 충분히 해감한다.

2 인터넷 게시판을 읽고 댓글 쓰기

게임 개발자가 궁금해요

○○ 초등학교 5학년 2반 담임 선생님께서는 게임 개발자가 꿈인 학생들에게 정보를 주기 위해 게임 개발자를 만나 면담을 통해 얻은 답변을 인터넷 학급 게시판에 올렸어요. 면담 내용을 읽고, 게시판에 남길 댓글을 써 보세요.

자유 게시판

🏠 5학년 > 열린 마당 > **자유 게시판**　　　　　　　　　　　　　🔗 인쇄

게임 개발자와의 만남

작성자: 위서진 | 작성일: 20○○-09-09 10:40 | 댓글 4 | 조회수 23

친구들 반가워요. 선생님이 지난주에 ○○ 미디어에서 게임을 개발하시는 분을 만났어요. 게임 개발자가 꿈인 친구들이 정리한 질문지를 토대로 약 30분간 면담 형식으로 대화를 주고받았어요. 해당 영상 올려놓을 테니 관심 있는 친구들은 보고 궁금한 점이나 느낀 점 등을 댓글에 남겨 주세요. 게임 개발자분이 나중에 댓글에 답글을 주시기로 했어요. 게임 개발자가 꿈인 친구들은 적극적으로 참여해 주세요.

선생님　처음 뵙겠습니다. ○○ 초등학교에서 아이들을 가르치는 ○○○입니다.

게임 개발자　처음 뵙겠습니다. ○○ 미디어 게임 프로그래머 ○○○입니다.

선생님　우리 반 친구들 중에서 장래희망이 게임 개발자인 친구가 많은데 그 친구들에게 전문적인 정보를 제공하고자 이렇게 방문하게 되었습니다.

게임 개발자　잘 오셨습니다. 저는 게임 개발자 중에서 게임 프로그래머 직종이지만, 그래도 제가 아는 것은 성심껏 답변해 드리겠습니다.

선생님　우리 반 친구들이 작성한 질문지를 토대로 질문하겠습니다.

게임 개발자　네. 답변할 내용이 너무 방대하면 저도 저희 회사를 기준으로 말씀드리겠습니다.

확인 이 내용이 담긴 디지털 매체는 인터넷 ⬚ㄱ ⬚ㅅ ⬚ㅍ 이다.

선생님 게임 개발자가 되기 위해서는 대학을 가야 하나요?

게임 개발자 꼭 대학에 가야 하는 것은 아니지만 저 같이 컴퓨터 프로그래머인 경우 컴퓨터 공학이나 전산학 전공자가 많기는 해요.

선생님 게임 하나를 개발하는 데 얼마나 많은 시간이 걸리나요?

게임 개발자 저희 회사를 기준으로 보면 한 게임을 개발하는 데 100명에 가까운 사람들이 함께하고, 그 기간은 천차만별인데 PC게임을 기준으로 했을 때 짧으면 3년 정도, 길면 7년 이상 걸리는 것도 있어요.

선생님 그럼 그 많은 인원이 어떤 일을 하는지 알 수 있을까요?

게임 개발자 게임 개발자는 크게 기획자, 프로그래머, 그래픽 디자이너로 나눌 수 있어요. 기획자는 게임의 콘셉트를 잡고, 거기에 스토리를 더해서 게임의 기본을 다지는 거죠. 스토리와 캐릭터 구상까지 한마디로 게임의 방향을 제시하는 사람을 기획자로 보면 되지요. 기획이 이루어지면 다음으로 프로그래머와 그래픽 디자이너에 의해 게임의 모습이 나오기 시작해요. 그래픽 디자이너는 기획된 내용을 화면 속에 잘 보이게 게임 속 캐릭터나 풍경을 그리는 역할을 하고, 프로그래머는 게임을 할 수 있는 다양한 전자 기기에 게임이 잘 돌아가도록 프로그램을 만드는 거죠.

선생님 게임 개발자의 일 가운데 가장 핵심이 되는 일은 무엇인가요?

게임 개발자 저 같은 프로그래머나 그래픽 디자이너는 기획을 토대로 색을 입히고 기술을 구현하는 일을 하는데, 그것은 온전히 기획자의 기획을 바탕으로 이루어지기 때문에 제 개인적인 생각은 기획자의 일이 가장 중요하고 생각합니다. 게임 이야기를 창의적으로 만드는 것이 정말 핵심이거든요.

선생님 마지막 질문입니다. 게임 개발자가 되려면 게임을 잘해야 할까요?

게임 개발자 하하하. 게임을 잘하면 프로게이머가 되야죠. 게임을 어느 정도 할 줄은 알아야 하지만, 그것보다는 다양한 문화 콘텐츠를 이해하고 자신이 기획을 하고 싶은지, 그래픽을 하고 싶은지, 프로그래밍을 하고 싶은지 생각하여 각 분야에 필요한 본인의 실력을 쌓는 것이 더 중요하다고 생각합니다.

선생님 오늘 좋은 말씀 감사합니다.

게임 개발자 제 답변이 도움이 되셨길 바랍니다.

♥ 공감 17 ∣ ∨   💬 댓글 4 ∣ ∧

┕ **김진아** 게임 개발자가 하는 일들이 각각 다르다는 것을 처음 알았어요.

┕ **박준기** 하나의 게임을 개발하는 데 저렇게 많은 시간과 많은 사람이 필요하다니 정말 대단해요.

┕ **이민영** 역시 게임 개발자가 되려면 게임을 잘하는 것도 중요하네요. 부모님이 게임 많이 한다고 잔소리하시면 말씀드려야겠어요.

┕ **조희진** 앞으로의 게임에 대한 전망이 궁금합니다. 지금처럼 여전히 인기가 많을지…….

면담이란	• 알고 싶은 내용을 알아보기 위하여 얼굴을 마주하고 이야기하는 것을 말한다.
	• 정보를 얻는 여러 가지 방법 중에서 알고 싶은 내용을 자세하고 정확하게 알 수 있는 방법이다.
	• 궁금한 점이 있으면 질문을 통해서 쉽고 빠르게 알 수 있다.

▶ 인터넷 게시판의 내용으로 알맞은 것에 ○표를 하세요.

> 선생님이 면담한 사람은 게임 개발자 가운데 (기획자 , 프로그래머 , 그래픽 디자이너)이다.

▶ 알맞은 내용에 모두 ○표를 하세요.

> 게임 그래픽 디자이너는 기획된 내용을 화면 속에 잘 보이게 한다.

> 게임 개발자는 크게 기획자, 프로그래머, 그래픽 디자이너로 나눌 수 있다.

> 게임의 콘셉트를 잡고, 거기에 스토리를 더해서 게임의 기본을 다지는 일을 하는 사람은 게임 프로그래머이다.

▶ 게시판에 댓글을 단 친구 중에서 게임 개발자의 말을 바르게 이해하지 <u>못한</u> 친구는 누구 인지 ○표를 하세요.

| 김진아 | 박준기 | 이민영 | 조희진 |

활동 1 인터넷 게시판을 읽고 게임 개발자에게 궁금한 점을 생각하여 질문 댓글을 써 보세요.

4주차

활동 2 다음은 희진이가 쓴 댓글에 대해 같은 반 친구가 답변 댓글을 단 내용입니다. 나는 희진이가 궁금해하는 점에 대해 어떠한 생각을 가지고 있는지 써 보세요.

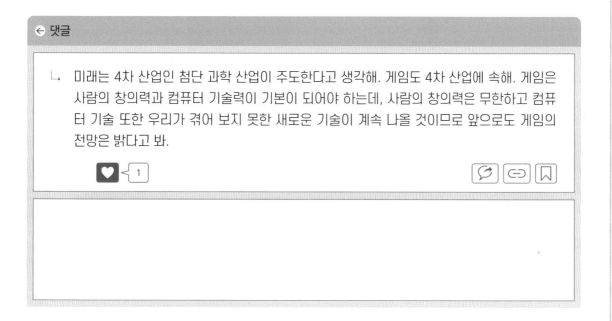

■ 인터넷 백과사전을 읽고 온라인 대화 하기

치료에 사용하는 빛

민서는 귀가 아파 이비인후과에 가서 빛이 나오는 치료기를 귀에 대고 치료를 받았어요. 그리고 인터넷 백과사전에서 빛을 이용한 치료 방법에 대해 찾아보았지요. 인터넷 백과사전 내용을 읽고 온라인 대화방에 빛 치료 방법에 대해 써 보세요.

ⓔ **똑똑백과사전** 🔍 　　　　　　　　사전 소개 | 연표 ☰

치료에 사용하는 빛

눈에 보이지 않는 빛도 있을까?

적외선과 자외선은 눈에 보이지 않지만 항상 우리 곁에 있는 빛이다.

태양빛에는 우리가 볼 수 있는 가시광선 이외에도 보라색 바깥쪽에 있는 자외선과 빨간색 바깥쪽에 있는 적외선이 있다. 독일의 천문학자인 윌리엄 허셜은 1800년에 프리즘으로 분리된 각각의 빛에 온도계를 늘어놓고 온도를 측정하다가 빨간색 바깥쪽의 온도가 가장 많이 올라간 것을 발견했다. 그래서 햇빛에 가시광선 외에도 눈에 보이지 않는 빛이 있다는 것을 알게 되었는데 그 빛이 바로 적외선이다. 적외선은 열을 잘 전달하는 특징이 있다.

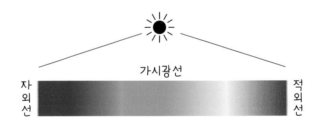

빛이 치료에 이용된다고?

현대에 와서는 적외선이 열을 잘 전달하는 특징을 이용해 치료를 하기도 한다. 우리가 일상에서 접하는 적외선 치료는 가시광선 스펙트럼의 빨간색 바로 옆에 있는 적외선인 근적외선을 이용한다. 근적외선이 열을 전달하면 혈액이 흐르는 양이 많아져 산소와 영양분의 공급이 많아지게 된다. 그러면 통증을 일으키는 물질이 빨리 분산되기 때문에 통증이 완화되고 근육이 이완되면서 치료가 되는 것이다.

적외선만 치료 효과가 있는 것은 아니다.

가시광선은 다양한 색깔로 컬러테라피, 심리이완, 일광욕 등에 이용된다. 또 자외선은 피부 염증을 치료하는 효과가 있다. 하지만 열 치료 효과가 있는 것은 적외선뿐이다.

확인 이 내용이 담긴 디지털 매체는 인터넷 | ㅂ | ㄱ | ㅅ | ㅈ | 이다.

▶ 눈에 보이지 않는 빛을 모두 골라 ○표를 하세요.

자외선	적외선	가시광선

▶ 인터넷 백과사전의 내용으로 알맞은 것에 ○표를 하세요.

자외선은 열 치료에 이용된다.

적외선은 윌리엄 허셜이 처음 발견하였다.

가시광선은 피부 염증을 치료하는 효과가 있다.

활동 인터넷 백과사전 내용을 떠올리며, 온라인 대화방에 자신이 경험한 빛 치료 방법을 써 보세요.

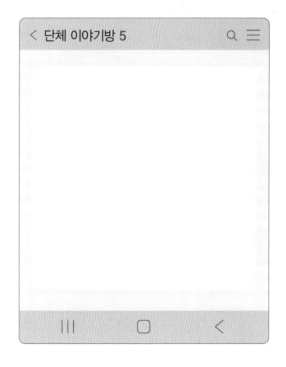

치료기에서 적외선이 **빨간색으로** 보이는 까닭	• 적외선은 원래 눈에 보이지 않는다. • 사람들이 적외선의 작용을 쉽게 알 수 있게 하기 위해 인위적으로 빨간색을 입힌 것이다.

2 웹툰과 인터넷 백과사전을 읽고 SNS에 레시피 쓰기

떡볶이 만들기

주은이가 봉사 활동을 하는 다문화 센터에서는 청소년 한류 축제가 열릴 예정입니다. 주은이는 비대면으로 여러 나라 친구들에게 떡볶이를 소개하고, 요리 방법도 알려 주는 행사에 참가하기로 했습니다. SNS에 떡볶이 레시피를 올려 보세요.

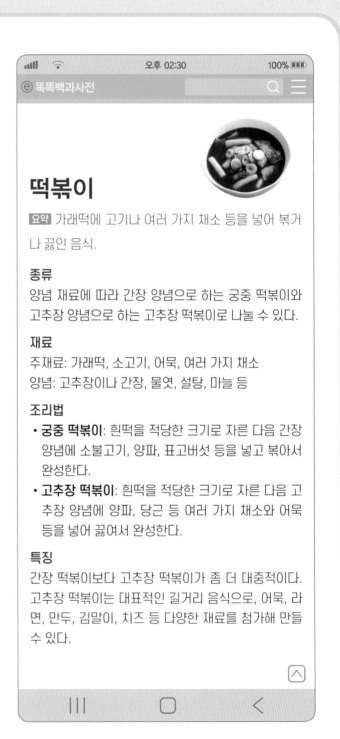

확인 이 내용이 담긴 디지털 매체는 ☐☐ 과 인터넷 백과사전이다.

▶ 웹툰의 내용으로 알맞은 것에 ○표를 하세요.

주은이가 활동하는 다문화 센터에서는 청소년 한류 축제가 열릴 예정이다. ▢

청소년 한류 축제 때 주은이는 김밥, 어묵, 만두 등을 준비할 계획이다. ▢

▶ 주은이는 쌀떡을 이용한 고추장 떡볶이 레시피를 정리해 SNS에 올리려고 합니다. 필요한 재료를 모두 골라 ○표를 하세요.

쌀떡	밀떡	어묵	귤	양파	당근	두부
커피	고추장	식초	설탕	마늘		

활동 다음은 SNS에 올라온 치즈 떡볶이 레시피입니다. 레시피를 참고하여 위에서 고른 재료로 SNS에 올릴 쌀떡을 이용한 고추장 떡볶이 레시피를 정리해 써 보세요.

sea_kkk

♡ ○ ▽ ⋯ ⬆ ▢

♥ 258 Likes

1. 넓은 팬이나 냄비에 물 3컵을 넣고 떡 1컵, 어묵 1/2컵, 고추장 2큰술을 넣고 끓입니다.
2. 1이 끓어오르면 양파, 당근, 마늘, 설탕을 넣고 한 번 더 끓입니다.
3. 재료가 충분히 익으면 불을 낮추고, 치즈를 올립니다.

sea_kkk

♡ ○ ▽ ⋯ ⬆ ▢

♥ 258 Likes

떡볶이 만들기 팁

• 떡은 미리 물에 불려 두면 말랑말랑하게 익는다.
• 떡과 재료를 넣은 뒤 끓으면 불의 세기를 중불로 조절한다.
• 재료를 손질할 때나 가스레인지 등을 사용할 때는 부모님의 도움을 받는다.

| 다음 매체의 특징에 대해 알맞게 말하지 <u>않은</u> 친구의 이름을 쓰세요.

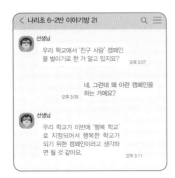

서연: 대화의 중심 내용에 알맞게 말한다.

호준: 다른 사람과 실시간으로 대화할 수 있다.

세영: 항상 정해진 시간에 전하려는 내용을 한꺼번에 알려야 한다.

우진: 직접 만나지 않고 대화를 하더라도 예의를 지켜 말한다.

(   )

2 다음과 같이 자신이 다녀온 곳을 공유하기 위해 사용한 매체의 종류는 무엇인가요? (   )

① 광고

② SNS

③ 블로그

④ 온라인 대화방

⑤ 인터넷 백과사전

3 다음과 같은 매체의 특징으로 알맞지 <u>않은</u> 것은 무엇인가요? (   )

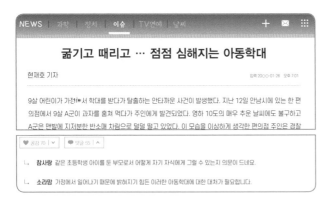

① 전송한 시간을 알 수 있다.

② 작성자가 누구인지 나타나 있다.

③ 한 번 입력한 내용은 고칠 수 없다.

④ 댓글을 통해 다른 사람의 의견을 알 수 있다.

⑤ 여러 사람에게 글이나 사진으로 정보를 전달한다.

확인 문제 ≫

4   다음 설명에 알맞은 매체에 ○표를 하세요.

> 다른 사람들에게 전하고 싶은 생각이나 정보를 전달하며, 댓글을 통해 읽는 사람이 생각을
> 전할 수 있는 매체는 (인터넷 백과사전 , 인터넷 게시판)이다.

5   다음과 같은 때에 사용하기에 알맞은 매체의 종류는 무엇인가요? (   )

> 여행을 다녀와서 자신의 생각이나 정보를 직접 글로 써서 모아두려고 할 때

① 광고   ② 블로그   ③ 인터넷 뉴스
④ 온라인 대화방   ⑤ 인터넷 백과사전

6   다음과 같은 매체의 특징으로 알맞은 것을 두 가지 고르세요. (   )

① 전송한 시간을 알 수 있다.
② 내용을 수시로 고칠 수 있다.
③ 댓글을 통해 다른 사람의 의견을 알 수 있다.
④ 다른 사람을 설득하여 물건을 구매하도록 한다.
⑤ 제품 정보를 사진, 영상, 음악, 자막 등을 이용하여 효과적으로 전달한다.

7   다음 매체의 종류는 무엇인지 알맞은 것에 ○표를 하세요.

> 대상에 대한 정보를 정확하고 자세한 설명과 함께 사진이나
> 그림으로 보여 주는 (인터넷 백과사전 , 온라인 대화방)이다.

아빠랑 단둘이 여행 가요!

띠리리리, 휴대 전화의 알람이 울렸어요. 준현이는 발사되는 로켓처럼 벌떡 일어났어요. 오늘 아빠랑 단둘이 여행을 가기로 했거든요. 아빠하고만 여행을 가는 것은 이번이 처음이에요. 그래서인지 준현이는 무척 설렜어요. 이번 여행지와 계획표를 짠 것도 준현이였어요. 아빠는 이번 여행만큼은 준현이가 원하는 대로 다 해주겠다고 하셨거든요. 준현이는 그동안 가 보고 싶었던 통영에 가려고 인터넷을 달달 뒤졌어요. 여행 계획표를 본 아빠는 칭찬을 아끼지 않았어요. 준현이는 날아갈 것 같은 기분이었지요.

드디어 아빠와 준현이는 여행길에 올랐어요. 엄마가 주차장까지 따라 나와 배웅해 주었어요. 차의 시동이 걸리며 매끄럽게 주차장을 빠져나가는 소리마저 흥겨웠어요. 그러나 그런 기분은 오래 가지 못했어요. 고속도로에 들어서자 비가 흩뿌리기 시작하더니 곧 굵은 빗방울이 떨어졌어요. 흰 뭉게구름 같았던 준현이의 얼굴에 먹구름이 끼었어요.

"아, 왜 이러지? 인터넷 일기예보에서는 오늘 맑다고 했는데. 아, 어쩌지?
이렇게 비가 오면 요트 투어도 못하고 카약도 못 탈 텐데……."
준현이의 얼굴이 울상이 됐어요.
"준현아, 일기예보는 틀릴 때도 종종 있으니 일정을 조금 바꿔서 여행하면
돼. 안 그래, 우리 아들?"
아빠는 웃으시며 준현이를 안심시켰지요.
빗줄기는 점점 더 굵어졌어요. 밥을 먹기 위해 휴게소로 가면서 두 사람은
사이좋게 커다란 우산 속에 들어갔어요.
"이야, 우리 아들이 벌써 이렇게 컸구나, 아빠 어깨까지 자랐는데?"
"아빠. 저도 이제 6학년이라고요."
휴게소 식당 안으로 들어가서 아빠는 우동을, 준현이는 라면을 사이좋게 나
눠 먹었지요. 아빠랑 단둘이 있는 게 차츰 편해졌어요. 그사이 빗줄기는 더 거
세게 변했어요.

'하필이면 왜 오늘 비가 온담. 아빠랑 처음 여행 나왔는데.'

준현이는 자기를 도와주지 않는 날씨가 조금은 원망스러웠지만, 아빠랑 단둘이 여행을 오니 더 친해지는 것 같아서 기분이 좋았지요.

드디어 통영에 도착했어요. 다행히도 그사이 비가 그친 모양이었어요. 배가 몹시 고파진 두 사람은 점심 식사를 하기 위해 준현이가 골라둔 식당으로 향했지요. 준현이는 그 식당을 보고 깜짝 놀랐어요. 인터넷에서 본 것과는 달리 식당이 너무 허름하고 낡았었거든요. 식당 안으로 들어간 두 사람은 음식을 시켰어요. 그런데 음식 맛은 더 형편없었어요. 거의 음식에 손을 댈 수 없었지요. 준현이는 부끄러워서 슬슬 아빠의 눈치만 살폈어요.

"아빠, 죄송해요. 음식 맛이 너무 별로죠? 인터넷에서 찾았을 땐 정말 괜찮은 줄 알았는데……. 후기도 좋았는데……."

준현이가 머리를 긁적이며 말했어요.

"하하, 괜찮다. 인터넷에서 찾은 정보들이 가끔은 잘못된 것일 때도 있어. 그래서 인터넷 정보들은 꼭 사실 확인이 필요하단다. 이젠 잘 알았지?"

아빠가 껄껄 웃으며 말씀하셨어요. 준현이는 조금 마음이 편해지긴 했지만, 다른 곳도 그럴까 봐 조금 걱정스러웠어요.

두 사람은 다음 여행지인 동피랑 벽화마을로 향했어요.

"중앙시장이 바로 옆이랬지? 벽화마을에 가기 전에 여기 좀 들러 볼까?"

중앙시장 주차장에 차를 대고 아빠와 함께 중앙시장 곳곳을 거닐면서 준현이는 신이 났어요. 통영 대표 간식인 충무김밥과 꿀빵을 사서 먹으면서 시장 곳곳을 구경했어요. 참돔, 쥐치, 광어 같은 물고기들이 펄떡거리는 것을 보고는 바닷가라는 걸 실감했지요.

"아빠, '동피랑'이 '동쪽 벼랑'이라는 거 아세요? 이 동피랑 벽화마을 그림은 계속 바뀐대요, 정말 놀랍죠?"

준현이는 인터넷에서 본 정보를 바탕으로 재잘거리면서 벽화마을로 들어섰어요. 오래된 골목길을 따라 이어진 벽에는 아기자기한 예쁜 벽화들이 그려져 있었어요. 준현이는 알록달록 그려진 벽화 앞에서 사진을 찍고, 여기저기 흥겨운 발걸음으로 돌아다녔지요. 아빠는 준현이의 사진을 찍어 주시기도 하면서 흐뭇한 미소를 지었어요.

"이렇게 둘이 여행을 오는 것도 참 좋구나. 우리 준현이도 좋지?"

예쁜 카페에서 주스를 마시면서 아빠가 말씀하셨어요.

"네, 아빠. 정말 좋아요. 우리 가족 모두 오는 것도 좋지만, 이렇게 아빠와 둘이 오는 것도 좋네요. 학원도 학습지도 줄이니 이젠 좀 살 것 같아요!"

"아이고, 무슨 세상 다 산 사람처럼 얘기하는구나. 하하하."

시원한 바닷바람을 맞으며 주스를 마신 두 사람은 다음 여행지를 향해 다시 길을 나섰어요. 준현이는 드디어 불행 끝, 행복 시작이라는 생각이 들었지요.

사랑해, 우리말

웹툰 내용

파니가 환경을 위한 제로 웨이스트 운동에 친구들이 어떻게 참여하고 있는지에 대하여 이야기를 하고 있어요.

외국어를 우리말로 바꾸어요

- 제로 웨이스트 → 쓰레기 없애기
- 에코백 → 친환경 가방
- 텀블러 → 통컵
- 플로깅 → 쓰담 달리기

디지털 매체 활용 정보

외국어를 우리말로 바꾸어 사용하고 싶을 때는 인터넷 국어사전을 활용하여 정확한 의미와 예시, 알맞은 우리말을 찾을 수 있다.

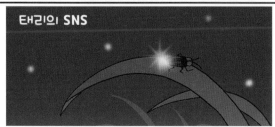

웹툰 내용

태리네 가족은 무주 반딧불 축제에 다녀왔어요. 태리는 SNS에 반딧불 축제에서 찍은 사진도 올리고 친구들을 위해 무주 반딧불 축제를 알리는 광고를 만들어서 학급 게시판에 올리기로 했어요.

무주 반딧불 축제

무주 반딧불 축제에서는 반딧불이의 아름다운 불빛을 볼 수 있다.

디지털 매체 활용 정보

지역 축제에 대한 전문적인 정보를 찾고 싶을 때는 인터넷 백과사전을 활용하고, 경험을 바탕으로 한 정보를 찾고 싶을 때는 인터넷 게시판, 온라인 대화방이나 SNS를 활용할 수 있다.

픽토그램의 문제점

아빠, 아이와 에스컬레이터를 함께 타는 보호자는 항상 엄마처럼 여성인가요?

그러고 보니 안내 표지판에 있는 대부분의 보호자는 여성인 거 같구나. 남성인 아빠는 소외감이 드는 걸. 허허.

웹툰 내용

민서는 안전 주의 픽토그램을 보고 왜 픽토그램에 그려진 보호자는 모두 엄마인지 아빠와 이야기하고 있어요.

픽토그램의 문제점

안전 주의 안내 표지판에 있는 대부분의 보호자는 여성이에요. 남성 보호자가 소외감을 느낄 수도 있고 어린이를 보호해야 하는 사람은 무조건 여성이라는 잘못된 생각을 가지게 될 수도 있어요.

디지털 매체 활용 정보

픽토그램에 대한 전문적인 정보를 찾고 싶을 때는 인터넷 백과사전을 활용하고, 경험을 바탕으로 한 정보를 찾고 싶을 때는 인터넷 게시판이나 블로그, 온라인 대화방을 활용할 수 있다.

고양이를 키워요

고양이들이 모두 슬퍼 보여요.

그리고 많이 무서운가 봐요.

고양이가 행복해 질 수 있게 우리가 가족이 되어 잘 돌보아 주자.

웹툰 내용

아이들이 반려 고양이를 맞이하기 위해 동물 보호센터에 갔어요. 슬퍼 보이고 겁먹은 듯한 고양이의 모습을 보고 가족이 되면 고양이가 행복해지도록 잘 돌보아야겠다고 생각했어요.

고양이와 함께 잘 지내는 방법

고양이와 함께 잘 지내려면 고양이가 행복해질 수 있도록 고양이의 특성 등을 잘 알아두어야 해요.

디지털 매체 활용 정보

반려 고양이를 기르는 데 필요한 전문적인 정보를 찾고 싶을 때는 인터넷 백과사전을 활용하고, 경험을 바탕으로 한 정보를 찾고 싶을 때는 인터넷 게시판, 온라인 대화방이나 SNS를 활용할 수 있다.

떡볶이 만들기

웹툰 내용

청소년 한류 축제에서 주은이는 떡볶이를 소개하려고 해요.

한류

우리나라의 대중문화가 외국에서 유행하는 현상을 말해요. 세계적인 한류에는 케이팝과 한국 영화, 드라마가 있어요. 또 요즘에는 케이푸드도 많은 사람들이 좋아해요.

케이푸드

한국 음식을 뜻하는 말로, 김치 같은 전통 음식뿐만 아니라 라면, 치킨 같이 한국 사람들의 입맛에 맞게 만든 음식을 모두 말해요.

디지털 매체 활용 정보

떡볶이를 만드는 데 필요한 전문적인 정보를 찾고 싶을 때는 인터넷 백과사전을 활용하고, 경험을 바탕으로 한 정보를 찾고 싶을 때는 인터넷 게시판, 블로그나 SNS를 활용할 수 있다.

SNS에서도 예절을 지켜요

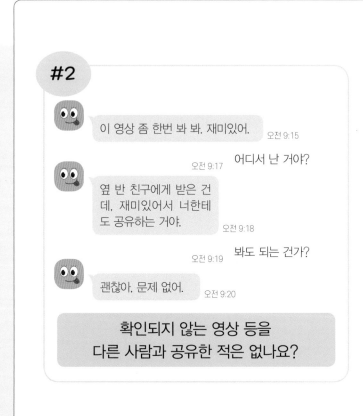

#2

> 이 영상 좀 한번 봐 봐. 재미있어. 오전 9:15

> 어디서 난 거야? 오전 9:17

> 옆 반 친구에게 받은 건데, 재미있어서 너한테도 공유하는 거야. 오전 9:18

> 봐도 되는 건가? 오전 9:19

> 괜찮아. 문제 없어. 오전 9:20

> 확인되지 않는 영상 등을
> 다른 사람과 공유한 적은 없나요?

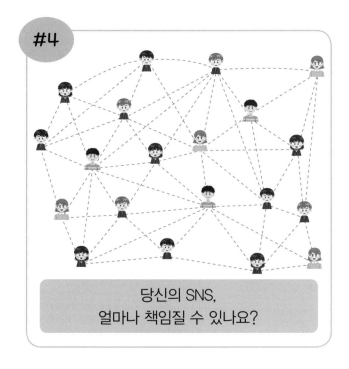

#4

> 당신의 SNS,
> 얼마나 책임질 수 있나요?

스토리보드 내용

SNS 예절의 중요성을 알리는 공익 광고를 만들기 위해 중요한 내용을 장면별로 정리한 스토리보드예요.

SNS 예절의 종류

- 확인되지 않는 영상 등의 자료를 다른 사람과 공유하지 않아요.
- SNS 사용에 대한 책임을 스스로 져야 해요.

디지털 매체 활용 정보

공익 광고를 만들기 위한 스토리보드를 구성하는 데 필요한 전문적인 정보를 찾고 싶을 때는 인터넷 백과사전을 활용하고, 경험을 바탕으로 한 정보를 찾고 싶을 때는 인터넷 게시판, 온라인 대화방이나 SNS를 활용할 수 있다.

6단계에서 배운 내용 다시 보기

1 주차

1회
1 이 책 읽어 봤니?
2 청소년의 목소리 내기

2회
1 사랑해, 우리말
2 제노비스 신드롬을 아시나요?

3회
1 영국으로 가자!
2 달이 녹슬고 있다고?

4회
1 생텍쥐페리의 마지막 비행
2 날씨가 추워졌어요

5회
1 SNS에서도 예절을 지켜요
2 책 광고를 보아요

2 주차

1회
1 우리 반 패션 발표회
2 무주 반딧불 축제

2회
1 폐의약품 이렇게 처리해요
2 화가 이중섭

3회
1 픽토그램의 문제점
2 단오

4회
1 생명을 지켜 주는 비율
2 코로나19와 거리 두기

5회
1 길고양이 캣맘 논란
2 선거를 해요

3 주차

1회
1 마음을 전해요
2 미스터리 서클

2회
1 고유의 난방 방식, 온돌
2 고양이를 키워요

3회
1 공중 시계, 앙부일구
2 생활 속 표준 이야기

4회
1 삶의 가치를 찾아서
2 세계의 궁

5회
1 환상의 싱크홀
2 광고 스토리보드 만들기

4 주차

1회
1 친구 사랑 실천하기
2 세계의 음식, 베트남 쌀국수

2회
1 점점 심해지는 아동학대
2 배가 바다에 뜨는 원리

3회
1 자유의 여신상
2 청소기 사세요

4회
1 플라스틱의 역습
2 게임 개발자가 궁금해요

5회
1 치료에 사용하는 빛
2 떡볶이 만들기

[인용 사진 출처]

48쪽 봄의 어린이, 이중섭, 공유마당, CC BY
48쪽 흰소4, 이중섭, 공유마당, CC BY
52쪽 혜원 전신첩_단오풍정, 신윤복, 공유마당, CC BY
58쪽 사물_길고양이_0034 by 한국저작권위원회_2018_남태영, 공유마당, CC BY
58쪽 사물_길고양이_0011 by 한국저작권위원회_2018_남태영, 공유마당, CC BY
84쪽 오목해시계(앙부일구), ⓒ 국립고궁박물관(www.gogung.go.kr), 2015, 공공누리 제1유형

* 어휘 풀이는 국립국어원 표준국어대사전을 바탕으로 정리하였습니다.

EBS

당신의 문해력

디지털독해가
문해력이다

6단계
초등 6학년 ~ 중학 1학년 권장

정답과 해설

1

정답과 해설

1 주차

1회
1 이 책 읽어 봤니?
2 청소년의 목소리 내기

2회
1 사랑해, 우리말
2 제노비스 신드롬을 아시나요?

3회
1 영국으로 가자!
2 달이 녹슬고 있다고?

4회
1 생텍쥐페리의 마지막 비행
2 날씨가 추워졌어요

5회
1 SNS에서도 예절을 지켜요
2 책 광고를 보아요

2 주차

1회
1 우리 반 패션 발표회
2 무주 반딧불 축제

2회
1 폐의약품 이렇게 처리해요
2 화가 이중섭

3회
1 피투 그램의 문제점
2 단오

4회
1 생명을 지켜 주는 비율
2 코로나19와 거리 두기

5회
1 길고양이 캣맘 논란
2 선거를 해요

3 주차

1회
1 마음을 전해요
2 미스터리 서클

2회
1 고유의 난방 방식, 온돌
2 고양이를 키워요

3회
1 공중 시계, 앙부일구
2 생활 속 표준 이야기

4회
1 삶의 가치를 찾아서
2 세계의 궁

5회
1 환상의 싱크홀
2 광고 스토리보드 만들기

4 주차

1회
1 친구 사랑 실천하기
2 세계 음식, 베트남 쌀국수

2회
1 점점 심해지는 아동학대
2 배가 바다에 뜨는 원리

3회
1 자유의 여신상
2 청소기 사세요

4회
1 플라스틱의 역습
2 게임 개발자가 궁금해요

5회
1 치료에 사용하는 빛
2 떡볶이 만들기

1회 생활

1 온라인 대화를 읽고 바르게 고쳐 쓰기

이 책 읽어 봤니?

도원이는 학교 도서관에 책을 빌리러 가려고 해요. 그런데 이용 가능 시간이 기억 나지 않아서 친구들과 함께하는 온라인 대화방에 물어 보았어요. 친구들과의 온라인 대화에서 태민이가 잘못 말한 부분을 고쳐 써 보세요.

< 내 친구들 이야기방 4

염집 친구 태민 오후 3:11
애들아, 애들아! 학교 도서관에 몇 시까지 이용 가능한지 알아?

오후 3:12
문 닫기 전에 책 빌리러 가려고

염집 친구 태민 5시일걸. 오후 3:15

내 짝꿍 수아 오후 3:16
그래? 빨리 가야겠다. 재미있었던 책 추천도 부탁해.

《마법의 계단》재미있었어. 오후 3:18

3번째 단짝 주원 오후 3:19
《역사 속으로 들어간 지니》 읽어 봤니? 정말 재미있어.

염집 친구 태민 ㅇ ㅈ 오후 3:21

오후 3:24
아, 그거 정말 재미있더라. 나도 첫 장 넘기고 마지막 장까지 꼼짝 않고 다 봤어.

확인 이 내용이 담긴 디지털 매체는 온라인 대 화 방 이다.

1주차 1

▲ 온라인 대화 내용으로 알맞은 것에 ○표를 하세요.

> 도원이와 친구들은 재미있게 본 (⦿책 , 영화)에 대해 온라인 대화를 하고 있다.

해설 도원이와 친구들은 재미있게 본 책에 대해 온라인 대화를 하고 있습니다.

▲ 태민이가 잘못한 점을 모두 골라 ○표를 하세요.

> 너무 늦은 시간에 대화를 했다. □
>
> 줄임말과 비속어를 사용했다. ○
>
> 다른 사람의 개인 정보를 함부로 올렸다. ○

해설 도원이와 친구들이 온라인 대화를 한 시간은 오후 세 시 무렵입니다.

활동 태민이의 대화 중 우리말을 바르게 사용하지 않은 부분을 알맞게 고쳐 써 보세요.

오후 3:21 ㅇ ㅈ → 인정해.

오후 3:31 개웃기다. → 정말 재미있네.

< 내 친구들 이야기방 4

내 짝꿍 수아 오후 3:28
나도 역사 속으로 들어가고 싶다. 나는 옛날로 가면 과학 시간에서 배운 내용으로 아는 척해서 천재 과학자가 될 거야.

염집 친구 태민 개웃기다. 오후 3:31

3번째 단짝 주원 오후 3:34
난 옛날 음식들을 다 맛보고 싶어.

오후 3:42
이 책처럼 시간 여행하는 책 또 있는 거 있어?

염집 친구 태민 오후 3:46
글쎄...... 소진이가 알지 않을까? 소진이 별명이 책벌레잖아.

소진이 전화번호 010-3391-○○
○○이야. 오후 3:48

오후 3:53

친구와의 온라인 대화에서 주의할 점

- 주제에 관련된 내용을 말한다.
- 비속어를 사용하지 않는다.
- 상대방을 고려하여 줄임말을 사용하지 않는다.
- 다른 사람의 개인 정보를 함부로 말하지 않는다.

해설 온라인 대화를 할 때에는 상대방을 고려하여 줄임말이나 비속어를 쓰지 않아야 합니다.

주차 1

정답과 해설 4쪽

▲ 우리나라의 선거권 연령은 몇 세 이상인지 알맞은 것에 ○표를 하세요.

만 16세 　만 18세　 만 19세

해설 2019년 12월 공직선거법 개정안 통과로 우리나라의 선거권 연령은 기존 만 19세에서 만 18세로 낮춰졌습니다.

▲ 각 나라의 청소년이 사회에 목소리를 내는 방법을 알맞게 선으로 이어 보세요.

독일 ──── U18 모의 투표

대한민국 ──── 지역청소년교육의회

해설 독일에서는 'U18 모의 투표', 우리나라에서는 '지역청소년교육의회'를 통해 청소년들이 사회에 목소리를 내고 있습니다.

활동 블로그 내용을 바탕으로 청소년이 사회에 목소리를 내는 방법에 대한 자신의 생각을 댓글로 써 보세요.

예 만 18세 미만 청소년도 생각만 있다면 엄마든지 사회에 목소리를 낼 수 있도록 좀 더 다양한 방법들이 제안되었으면 좋겠어요.

1000자 이내　등록

댓글

공감 5　　댓글 3

ㄴ 나는나라 독일처럼 대통령 선거 모의 투표를 해 보는 것도 좋을 것 같아요. 모의 투표를 하면 선거에 대한 관심을 가지게 될 거예요.

ㄴ 멋쟁청소년 '지역청소년교육의회'라는 것이 있군요. 청소년 사회 참여 방법에 대해 좀 더 관심을 가져야겠어요.

댓글 달기

해설 블로그는 청소년이 사회에 목소리를 내는 방법에 대한 내용을 담고 있습니다.

각국의
선거권 연령은?

- 만 16세: 오스트리아, 브라질, 쿠바, 니카라과 등
- 만 17세: 인도네시아, 북한, 수단, 동티모르 등
- 만 18세: 대한민국, 미국, 독일, 영국, 프랑스, 호주, 뉴질랜드, 캐나다, 일본 등
- 만 20세: 바레인, 카메룬, 나우루, 대만 등

1회 사회

2 블로그를 읽고 댓글 쓰기
청소년의 목소리 내기

청소년이 사회에 목소리를 내는 방법에는 어떤 것들이 있을까요? 블로그글을 읽으며 청소년이 사회에 목소리를 내는 방법에 대해 알아보고, 이에 대한 자신의 생각을 맷 글로 써 보세요.

내 블로그 | 이웃 블로그 | 블로그 홈
메모 | 안부

같이 가치
우리 주변의 문제에 관심이 많은 초등학생입니다.

목록
전체 보기(71)
일상(20)
청소년 사회 참여(15)
독서 생활(4)

활동 정보
블로그 이웃 17명
글 보내기 3회
글 스크랩 4회

URL 복사

투표권을 넘어 청소년의 목소리 내기

 같이 가치　2022.02.28 14:11

선거는 민주주의의 꽃으로 표현되는 중요한 정치 참여 방법이에요. 그런데 청소년에게는 선거를 통해 정치에 참여할 수 있는 권리가 주어지지 않았어요. 그러다가 2019년 12월 공직선거법 개정안에 선거권 연령이 만 19세에서 만 18세로 내려가면서 청소년에게도 선거에 참여할 수 있는 권리가 주어졌고, 2020년 4월 제21대 국회의원 선거에서 최초로 만 18세가 선거에 참여하게 되었지요. 2019년까지 OECD 가입국 중 만 19세 이상의 시민만이 선거권을 가졌던 나라는 우리나라뿐이었다고 해요.

한국보다 앞서 선거 연령을 낮춘 국가들은 1970년부터 연방 의회 선거 연령을 만 18세 이상으로 정치에 참여할 수 있도록 하고, 어린이와 청소년에게도 목소리가 있다는 사실을 알리기 위해 'U18 모의 투표'를 실시하고 있어요.

'U18 모의 투표'는 1996년 베를린의 한 청소년 클럽에서 시작되어 현재 독일 전역에서 선거 때마다 실시되는 청소년들의 모의 투표로, 참가 조건은 만 18세 미만이면 국민이 아니어도 상관없어요. 예정 지역별로 청소년들이 학교 앞 또는 공원 등이 청소에 모여 각자의 개성을 담은 모의 투표소를 스스로 설치하고, 실제 선거가 열리기 9일 전 실제 선거와 똑같은 시간, 똑같은 용지에 소중한 한 표를 행사해요.

2020년 기준 전 세계 국가 대부분이 선거 연령 기준을 만 18세 이상으로 정하고 있지만, 여전히 만 18세 미만 청소년 대다수의 목소리는 소외되고 있어요. 그래서 청소년의 목소리를 세상에 전하기 위한 다양한 시도들을 하고 있지요.

2019년 경기도 내 31개 시군에서 활동 중인 '지역청소년교육의회'에 소속된 청소년이 없는 만 18세 미만의 청소년 1천여 명이 모여, '학생 참여형 수업 확대', '학생이 주도하는 학교 공간이 혁신', '학생 대표가 참여하는 학교운영위원회 운영' 등 새로운 정책을 제안한 결과 실제 교육 정책에도 만 18세 미만의 목소리가 반영되었다고 해요.

#청소년 #청정연 #18세선거 #청소년의회 #청소년정책아이템

확인 이 내용이 담긴 디지털 매체는 블 로 그 이다.

1 웹툰에서 비니와 파니가 말하고 있는 주제로 알맞은 것에 ○표를 하세요.

환경(○) / 게임 / 운동

해설 웹툰에서 비니와 파니는 기자가 되어 환경에 대한 질문을 하고 있습니다.

외국어를 우리말로 알맞게 바꾼 것을 선으로 이으세요.

제로 웨이스트 / 에코백 / 텀블러

용기 / 친환경 가방 / 쓰레기 없애기

해설 '제로 웨이스트'는 '쓰레기 없애기'로, '에코백'은 '친환경 가방'으로, '텀블러'는 '용기'로 바꿀 수 있습니다.

활동 여우 친구가 한 말 중 외국어 '플로깅'을 우리말로 바꾸어 써 보세요.

바꾸기 전

저는 이번 주말에 가족과 함께 플로깅을 할 계획이에요.

바꾼 후

저는 이번 주말에 가족과 함께 쓰담 달리기를 할 계획이에요.

해설 외국어 '플로깅'은 우리말 '쓰담 달리기'로 바꿀 수 있습니다.

환경 문제 관련 외국어 더 알아보기

• 리사이클링: 자원을 절약하고 환경 오염을 방지하기 위해 못 쓰게 된 물건을 재생하여 이용하는 것이다. 우리말 '재활용'으로 바꿀 수 있다.
• 업사이클링: '업그레이드'와 '리사이클링'을 합친 말로, 버려지는 제품에 디자인과 활용성을 더해 새 제품을 만드는 것이다. 우리말 '새활용'으로 바꿀 수 있다.

2회
문화 주차

1 웹툰을 읽고 외국어를 우리말로 바꾸기

사랑해, 우리말

비니와 파니가 기자가 되어 환경에 대한 질문을 하고 있어요. 그런데 대화 속에 외국어가 많네요. 웹툰 〈사랑해, 우리말〉을 다시 읽고 대화 속에 나온 외국어를 우리말로 바꾸어 써 보세요.

사랑해, 우리말 〈환경〉

확인 이 내용이 담긴 디지털 매체는 웹 툰 이다.

웹툰에 어떤 외국어가 나오는지 살펴볼까요?

제로 웨이스트
• 뜻: 일상생활에서 불필요한 자원의 소비를 줄이고 버리는 물건을 최소화하는 것을 목적으로 하는 환경 운동.
• 우리말: 쓰레기 없애기

에코백
• 뜻: 일회용 봉투의 사용을 줄여 환경을 보호하자는 취지로 만들어진 가방.
• 우리말: 친환경 가방

텀블러
• 뜻: 음료수를 마실 때 쓰는 굽과 손잡이가 없고 바닥이 편평한 컵.
• 우리말: 용기

플로깅
• 뜻: 달리기를 하면서 쓰레기를 줍는 환경 운동.
• 우리말: ?

2 뉴스 방송 대본을 읽고 포스터 만들기

제노비스 신드롬을 아시나요?

저녁 뉴스에 어느 중학교에서 벌어진 학교 폭력에 관한 사건이 소개되었어요. 같은 반 친구들 간의 학교 폭력도 무서운 일이었지만 더 놀라운 사실이 있었어요. 뉴스 방송 대본을 통해 어떤 일이 벌어졌는지 읽어보고, 학교 폭력 예방 포스터를 만들어 보세요.

[속보] 학교 폭력에 지옥으로 변한 교실

오늘 낮 경기도의 한 중학교 교실에서 학교 폭력 사건이 발생했습니다. 그런데 병원에서 치료 중인 피해 학생의 상태가 매우 심각하다고 합니다. 이렇게 교실에서 이런 폭력 사태가 벌어졌는지 서준희 기자가 보도하겠습니다.

서준희 기자: 말씀하신 대로 오늘 낮 중학교의 한 교실에서 끔찍한 폭력 사건이 발생했는데요, 더욱 안타까운 것은 같은 반 친구들이 있는 가운데서 20분 이상 폭력이 이루어졌다는 것입니다.

아나운서: 20분이면 꽤 긴 시간인데 말리거나 신고를 하지 않았나요?

서준희 기자: 당시 교실에는 수업이 끝나고 같은 반 학생 10여 명이 남아 있었는데요, 누구도 말리거나 신고를 하지 않았다고 합니다.

아나운서: 누구도 말리지 않았다고요? 소위 말하는 제노비스 신드롬으로 보이는군요.

서준희 기자: 그렇습니다. 제노비스 신드롬이란, 일반적으로 주위에 목격자가 많을수록 어려움에 처한 사람을 도와줄 확률이 낮아지는 것을 말합니다. 지켜보는 사람이 많으니까 내가 아니더라도 누군가 도움을 주겠지 하는 심리적 요인 때문이지요. 이기 상황에서 정확하게 책임 사람이 없을 때 어떤 일이 벌어지는가를 잘 보여 준 사건인데요, 우리 모두 주의 깊게 살펴야 할 부분인 것 같습니다.

아나운서: 학교 폭력, 모두의 책임이라는 인식의 변화가 시급해 보이는군요. 서준희 기자 수고했습니다.

확인: 이 내용이 담긴 디지털 매체는 텔레비전 □뉴□스□이다.

---

2 뉴스에서 다루고 있는 사건은 무엇인지 알맞은 것에 ○표를 하세요.

☐ 중학교 교실에서 벌어진 학교 폭력

○ 사이버 상에서 벌어진 중학생들의 언어 폭력

해설: 아나운서가 경기도의 한 중학교 교실에서 발생한 학교 폭력 사건에 대해 소개하고 있습니다.

▲ 빈칸에 알맞은 말을 듣을 기사에서 찾아 쓰세요. 🄳 제노비스

혼자 있을 때보다 주위에 사람이 많이 있을 때 어려움에 처한 사람을 도와줄 확률이 낮아지는 것을 ( ) 신드롬이라고 한다. 내가 아니더라도 누군가 도움을 주겠지 하는 심리적 요인으로, 방관자 현상 또는 구경꾼 현상이라고도 한다.

해설: 학교 폭력 당시 현장에 같이 있던 반 친구들 중 아무도 나서지 않았습니다. 이를 두고 아나운서와 기자가 제노비스 신드롬이라고 하였습니다.

활동: 뉴스에서 말하는 현상을 바탕으로 학교 폭력 예방 포스터를 완성해 보세요.

방관하는 것도
폭력입니다.

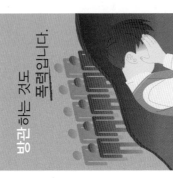

예) 학교 폭력 그만!

예) 모두의 책임이라는 생각 변화가 행복한 교실, 학교를 만듭니다.

포스터 만드는 방법

- 주제를 정한다.
- 주제와 관련된 단어들을 떠올려 본다.
- 자료를 수집한다.
- 주제가 잘 드러나게 글과 그림으로 표현한다.

해설: 포스터 내용에 어울리는 제목과 표어를 생각해 봅니다.

정답과 해설 7쪽

교통편

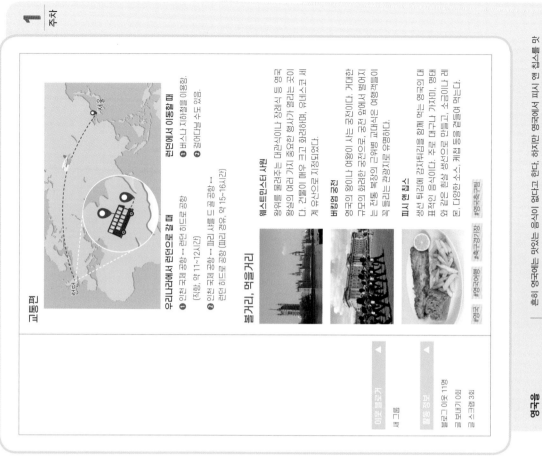

우리나라에서 런던으로 갈 때
❶ 인천 국제 공항 → 런던 히드로 공항 (직항, 약 11~12시간)
❷ 인천 국제 공항 → 파리 샤를 드 골 공항 → 런던 히드로 공항 (파리 경유, 약 15~16시간)

런던에서 이동할 때
❶ 버스나 지하철을 이용함.
❷ 걸어다닐 수도 있음.

볼거리, 먹을거리

웨스트민스터 사원
왕위를 물려주는 대관식이나 장례식 등 영국 왕실의 여러 가지 중요한 행사가 열리는 곳이다. 건물이 매우 크고 화려하며, 유네스코 세계 유산으로 지정되었다.

버킹엄 궁전
영국의 왕이나 여왕이 사는 궁전이다. 거대한 규모와 화려한 궁전으로 궁전 앞에서 벌어지는 전통 복장의 근위병 교대식은 여행객들이 꼭 들르는 관광지로 유명하다.

피시 앤 칩스
생선 튀김에 감자튀김을 함께 먹는 영국의 대표적인 음식이다. 주로 대구나 가자미, 명태와 같은 흰살 생선으로 만들고, 소금이나 레몬, 다양한 소스, 케첩 등을 곁들여 먹는다.

#영국 #영국여행 #축구경기장 #영국축구클럽

영국을 대표하는 음식
흔히 영국에는 맛있는 음식이 없다고 한다. 하지만 영국에서 피시 앤 칩스를 맛보고 나면 분명 그 생각이 달라질 것이다. 샌드위치도 영국 사람들이 즐겨 먹는 음식 가운데 하나이다. 또 영국 사람들은 홍차도 즐겨 마신다. 나른한 오후에 홍차를 마시는 영국 사람들의 모습을 흔하게 볼 수 있다.

3회 문화

1 블로그 글 읽고 여행 계획 세우기

영국으로 가자!

축구를 좋아하는 민행이는 인터넷 백과사전, 블로그, SNS에서 영국 여행에 필요한 여러 자료들을 찾아보고, 자신의 블로그에 정리했어요. 민행이의 블로그 내용을 참고하여 여행할 곳을 마인드맵으로 정리해 보세요.

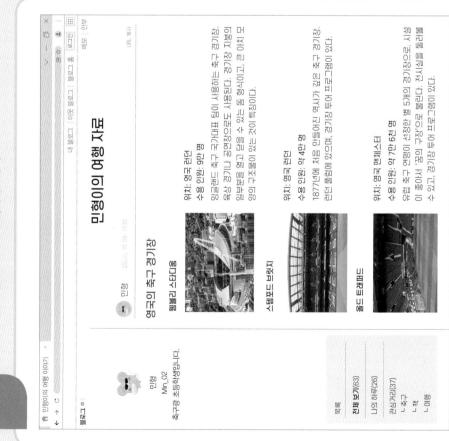

블로그

민행
Min_02
축구를 좋아하는 초등학생입니다.

목록
전체 보기(63)
└ 나의 하루(26)
관심거리(37)
└ 축구
└ 식
└ 여행

내 블로그 | 이웃 블로그 | 블로그 홈   메모 | 안부

URL 복사

민행이의 여행 자료
민행 20XX. 10. 09. 17:33

영국의 축구 경기장

웸블리 스타디움
위치: 영국 런던
수용 인원: 9만 명
잉글랜드 축구 국가대표 팀이 사용하는 축구 경기장. 축구 경기나 공연장으로도 사용된다. 경기장 지붕이 윗부분을 열고 닫을 수 있는 돔 형식이고, 큰 아치 모양의 구조물이 있는 것이 특징이다.

스탬포드 브릿지
위치: 영국 런던
수용 인원: 약 4만 명
1877년에 처음 만들어진 역사가 깊은 축구 경기장. 런던 중심부에 있으며, 경기장 투어 프로그램이 있다.

올드 트래퍼드
위치: 영국 맨체스터
수용 인원: 약 7만 6천 명
유럽 축구 연맹이 선정한 별 5개의 경기장으로, 시설이 좋아서 경기 관람 구장으로 불린다. 전시실을 둘러볼 수 있고, 경기장 투어 프로그램이 있다.

확인 이 내용이 담긴 디지털 매체는 블 로 그 이다.

활동

민행이는 여행 계획표를 짜기에 앞서 꼭 가 보고 싶거나 해 보고 싶은 일을 마인드맵으로 정리해 보았습니다. 블로그 내용을 바탕으로 하여 영국 여행에서 하고 싶은 일을 마인드맵으로 정리해 보세요.

해 보고 싶은 일
- 맛집을 찾아 피시 엔 칩스 먹기
- 버킹엄 궁전 근위병 교대식 관람하기

영국 여행

가 보고 싶은 곳
- 스탬퍼드 브리지
- 웨스트민스터 사원

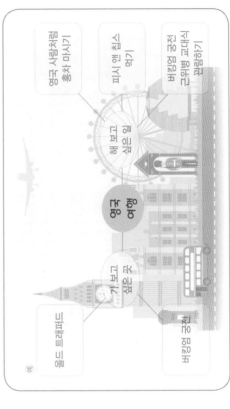

예

영국 여행

가 보고 싶은 곳
- 올드 트래퍼드
- 버킹엄 궁전

해 보고 싶은 일
- 영국 사람처럼 홍차 마시기
- 피시 엔 칩스 먹기
- 버킹엄 궁전 근위병 교대식 관람하기

해설 여행 계획을 세울 때는 가 보고 싶은 곳이나 해 보고 싶은 일, 교통수단 등을 미리 정해 봅니다.

▲ 민행이의 여행 자료를 보고 알 수 있는 내용에 ○표를 하세요.

민행이는 (프랑스, 영국) 여행을 조사했다.

해설 민행이는 영국 런던 여행을 계획하기 위해서 여러 가지 정보를 찾아보았습니다.

▲ 민행이가 영국 여행을 하면서 가 보고 싶은 장소를 모두 찾아 기호를 쓰세요. 답 ㉮, ㉰

㉮ ▲ 버킹엄 궁전
㉯ ▲ 스탬퍼드 브리지
㉰ ▲ 에펠탑
㉱ ▲ 콜로세움

해설 에펠탑은 프랑스에 있고, 콜로세움은 이탈리아에 있는 장소입니다.

▲ 민행이가 조사한 여행 자료의 내용으로 알맞은 것을 모두 골라 ○표를 하세요.

영국 여행을 갈 때는 런던 히드로 공항을 이용할 수 있다. ○

피시 엔 칩스는 생선 튀김과 감자튀김을 함께 먹는 영국을 대표하는 음식이다. ○

웸블리 스타디움은 런던에 있는 축구 경기장으로, 시설이 매우 좋아서 '꿈의 구장'으로 불린다.

해설 영국에서 시설이 좋아서 꿈의 구장으로 불리는 축구 경기장은 올드 트래퍼드입니다.

3회 과학

2 인터넷 뉴스를 읽고 카드 뉴스 만들기

달이 녹슬고 있다고?

수십억 년째 지구의 주변을 돌고 있는 달이 녹슬고 있대요. 밤하늘에 밝게 빛나고 있는 달이 녹슨다는 것은 무슨 뜻일까요? 녹슬고 있는 달과 관련된 인터넷 뉴스를 읽고 카드 뉴스를 완성해 보세요.

NEWS | 정치 | 스포츠 | TV연예 | 날씨
과학

'녹슬고 있는 달' … 지구의 영향이 커

강민주 기자

수정 20○○-10-09 16:47:12 | 조회 52

달이 지구의 산소 때문에 녹슬고 있다는 연구 결과가 발표되었다. 지구에서 날아온 산소가 달에 있는 물과 달 표면의 철을 만나서 녹이 슬었다는 것이다.

2008년 인도의 달 탐사선 찬드라얀 1호는 달 주변을 돌면서 달의 표면을 탐사하여 달 표면의 광물을 채취하였다. 이 자료를 연구하던 과학자들은 이상한 점을 발견했다. 철 성분과 산소가 만나 녹이 슬면서 만들어지는 적철석이 달의 광물 중에서 발견된 것이다. 달에는 산소와 물이 거의 없기 때문에 적철석이 발견되었다는 사실은 논란이 되었다. 이상한 점은 또 있었다. 적철석이 지구와 마주보는 달의 앞면에서 주로 발견된다는 것이다. 달은 항상 지구와 마주보고 있는데 앞면에 있는 적철석은 지구와 관련이 있다는 것을 뜻하기 때문이다.

그 후 과학자들은 오랜 연구 끝에 달이 녹슬고 있는 것은 지구에서 날아온 산소와 달에 있는 물이 달 표면의 철과 만나기 때문이라고 발표했다.

태양과 지구, 달이 일직선이 될 무렵 지구의 산소는 달까지 전달될 수 있는데, 이때 달에 있는 얼음에서 만들어진 약간의 물과 달 표면의 철 성분이 만나서 녹이 슨다는 것이다. 이런 현상이 달이 아니라 수십억 년 동안 일어났다면 달 표면이 녹스는 것은 가능한 일이다.

이번 연구 결과는 지구와 달의 관계를 알아 가는 데 많은 도움이 된다. 한 천문가에 따르면 이번 연구로 "달이 생겨난 이후로 계속 지구의 영향을 받았다는 것을 알 수 있다."고 하였다.

확인 이 내용이 담긴 디지털 매체는 인터넷 [뉴][스]이다.

---

1 주차

▲ 인터넷 뉴스에 나타난 연구 결과의 내용으로 알맞은 것에 ○표를 하세요.

달이 지구의 철 때문에 녹슬고 있다. [ ]

지구와 마주보지 않는 달의 뒷면이 주로 녹슬고 있다. [ ]

태양과 지구, 달이 일직선이 될 무렵 지구의 산소는 달까지 전달될 수 있다. [○]

해설 달에서 녹슬고 있는 부분은 지구와 마주보고 있는 앞면입니다.

▲ 달 표면을 녹슬게 만드는 데 필요한 것을 모두 골라 ○표를 하세요.

철(○) 산소(○) 물(○) 바람

해설 달 표면에 영향을 미치는 것은 철과 물, 산소입니다.

활동 인터넷 뉴스 내용을 바탕으로 카드 뉴스를 완성해 보세요.

달이 지구의 산소 때문에 녹슬고 있다는 연구 결과가 발표되었다.

해설 인터넷 뉴스에서 달이 녹슬고 있는 이유에 대해 과학자들이 발표한 부분을 찾아 정리하였다.

예 지구에서 날아온 산소와 달에 있는 물이 달 표면의 철 성분과 만나서 때문이라고 하였다.

태양, 지구, 달이 일직선이 될 때, 월식

태양, 지구, 달이 순서대로 놓여서 달이 지구의 그림자에 가려지는 현상을 월식이라고 한다. 월식이 진행되는 처음에는 달이 조금씩 오목하게 파이면서 줄어들다가 나중에는 달이 완전히 가려진다. 그리고 다시 조금씩 보이면서 원래의 모양이 된다. 이렇게 월식일 때에는 지구의 산소가 달까지 전달되기도 한다.

4회 인물

① 인터넷 백과사전을 읽고 인터넷 게시판에 글쓰기

생텍쥐페리의 마지막 비행

《어린 왕자》의 작가 생텍쥐페리는 비행사였다고 해요. 인터넷 백과사전에서 찾은 생텍쥐페리의 일생을 살펴보고, 인터넷 게시판에 작가이자 비행사였던 생텍쥐페리의 마지막 비행에 대해 소개하는 글을 써 보세요.

독독백과사전

사전 소개 | 연표

생텍쥐페리(1900~1944년)

하늘을 날고 싶었던 어린 생텍쥐페리는 열두 살에 바르도소 비행기에 탑승할 수 있었다. 그 이후 조종사의 꿈을 갖게 된 그는 스무 살에 공군 근처에 입대해 비행기를 수리하는 일을 하다가 스물한 살에 실제 1시간 20분의 연습 끝에 단번에 조종사 면허를 취득하였다. 그러나 비행기 사고로 두개골이 파열되는 일을 겪었고, 하늘을 날겠다는 꿈을 접고 자동차 판매원, 제품 감시원, 자동차 공장 사원 직 등을 전전하였다.

스물여섯 살, 그는 다시 꿈을 이루기 위해 민간 항공사에 들어가 항공우편 비행을 시작하였다. 사막 한가운데로 방랑되어 불시착하던 비행기 수리와 조난당한 비행사 구조 업무를 맡기도 하였다. 상공의 결빙 비행에 도전했다가 리비아 사막에 불시착하여 닷새 만에 구조되는 일도 있었다. 그리고 과테말라 상공에서 비행기 부품 사고로 두개골과 척추뼈들이 파열되는 등 큰 부상을 입기도 하였다.

그럼에도 불구하고 그는 자신의 비행에 대한 꿈을 놓지 않았다. 마흔네 살, 제2차 세계대전 중 비행대장을 맡다가 최고급 조종사로 종결되었다. 하지만 마지막 출격 명령이 내려진 1944년 8시 30분, 하늘로 향한 비행기는 연료 소진 시간인 8시간이 지나도 땅으로 돌아오지 않았다고 하였다.

생텍쥐페리는 실종 1년 전 소설 《어린 왕자》를 집필하였다.

어린 왕자는 늘 위에 앉아 하늘을 올려다보았다.

"별이 왜 빛나는지요? 언젠가 우리 모두 자신의 별을 찾을 수 있도록

별이 빛을 보내고 있는 게 아닐까요?

내 별을 봐요. 저기 바로 우리 위에 있으니요.""

확인 이 내용이 담긴 디지털 매체는 인터넷 [백][과][사][전]이다.

주차 1

▲ 작가 생텍쥐페리의 또 다른 직업은 무엇이었는지 ○표를 하세요.

작곡가 | 비행사 | 정원사

해설 작가 생텍쥐페리는 비행사였습니다.

▲ 생텍쥐페리에게 일어난 일의 순서에 맞게 번호를 쓰세요.

《어린 왕자》를 집필하였다. — 3

공군에 입대해 비행기를 수리하는 일을 하였다. — 1

비행에 나가 연료 소진 시간인 8시간이 지나도 돌아오지 않았다. — 4

민간 항공사에 들어가 항공우편 비행을 시작하였다. — 2

해설 스무 살에 공군에 입대해 비행기 수리하는 일을 하였고, 스물여섯 살에 민간 항공사에 들어가 항공우편 비행을 시작했습니다. 마흔세 살에 《어린 왕자》를 집필하였고, 마흔네 살에 마지막 비행을 하였습니다.

활동 인터넷 백과사전에서 찾은 내용을 바탕으로 인터넷 게시판에 작가 생텍쥐페리의 마지막 비행에 대해 소개하는 글을 써 보세요.

자유 게시판

제목: 예) 작가 생텍쥐페리 어린 왕자를 찾아 떠나다

예) 하늘을 날고 싶었던 소년 생텍쥐페리는 성인이 되어 비행사가 되고, 자신의 비행 경험에서 영감을 얻어 《어린 왕자》를 썼다. 그리고 그로부터 1년 뒤인 1944년, 44세의 나이로 마지막 비행을 떠나 영영 돌아오지 않았다. 작가 생텍쥐페리는 그가 작품에서 말한 것처럼 우리의 가슴 속에 작품 《어린 왕자》를 남기고, 영원히 자신의 별로 떠나갔다.

전체 공개 ▶ | 올리기

해설 비행사 생텍쥐페리의 일생을 살펴보고, 그의 마지막 비행에 담긴 의미를 생각해 이메일을 써 봅니다.

《어린 왕자》에 대하여 알아보기

• 생텍쥐페리가 1935년 비행 도중 사하라 사막에 불시착했었다가 기적적으로 구출된 경험에서 영감을 얻어 쓴 소설이다.
• 사막에 불시착한 비행사인 '나'와 어린 왕자의 만남을 통해 다른 사람과 관계를 맺는 것에 대한 의미를 아름답게 보여 준다.

▲ 일기예보를 보고 알 수 있는 내용에 ○표를 하세요.

오늘은 어제보다 (기온 , 강수량)이 많이 떨어졌다.

[해설] 일기예보를 통해 기온이 많이 떨어져서 날씨가 추워졌다는 것을 알 수 있습니다.

▲ 알맞게 선으로 이으세요.

인터넷 일기예보 ─── 읽는 사람의 의견을 댓글로 볼 수 있다.

텔레비전 일기예보 ─── 글보다는 소리와 영상으로 정보를 전달한다.

[해설] 일기 예보는 뉴스의 한 부분으로, 인터넷 뉴스는 읽는 사람이 의견을 댓글로 달 수 있고, 텔레비전 뉴스는 글보다는 소리와 영상으로 정보를 전달하는 특징이 있다.

[활동] 두 매체에서 본 일기예보 내용을 바탕으로 하여 친구에게 오늘의 날씨에 알맞은 옷을 추천하는 내용을 써 보세요.

< 내 친구들 이야기방 4

현돌이 오늘 정말 춥대.   오전 9:45

교세미 조금 전에 나갔다 왔는데 바람도 쌩쌩 불고 춥더라. 긴팔 티셔츠만 입고 나갔다가 얼어 죽는 줄 알았어.   오전 9:46

나도 나갔다가 겉옷 하나 더 입으려고 다시 들어왔어. 오전에 추워질 거 같아.   오전 9:47

< 내 친구들 이야기방 4

차소진 이따가 낮에 나가야 하는데 어떤 옷을 입어야 할까?   오전 9:50

[예] 오늘은 바람도 많이 불고 초겨울 날씨라서 두꺼운 옷을 입으면 좋을 것 같아.

[해설] 갑자기 초겨울이 된 오늘의 날씨에 어울리는 옷차림을 추천합니다.

인터넷 뉴스 vs 텔레비전 뉴스

텔레비전 뉴스는 주로 소리와 영상을 통해 다수의 사람들에게 정보를 전달하지만 일방적인 전달에 그치는 반면, 인터넷 뉴스는 정보의 복사와 수정이 쉽고 댓글 등을 통해 소통이 가능하다.

[확인] 이 내용이 담긴 디지털 매체는 인터넷 [뉴] [스] 와 텔레비전 뉴스이다.

4회 과학

2 인터넷 뉴스와 뉴스 방송 매체를 읽고 온라인 대화 하기

날씨가 추워졌어요

전국의 기온이 갑자기 초겨울 기온으로 뚝 떨어졌어요. 인터넷과 텔레비전의 일기예보에서 전국의 오늘 날씨에 대해 알려 주었어요. 두 매체의 일기예보를 보고 온라인 대화창에 알맞은 내용을 써 보세요.

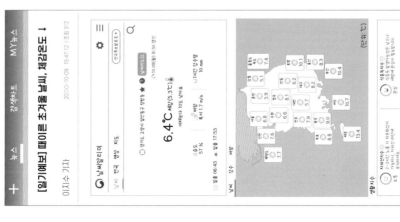

[일기예보] 때이른 초겨울 날씨, 체감온도 ↓

이지수 기자

2000-10-09 15:47 12 | 조회 312

오늘은 10월인데도 초겨울 날씨가 성큼 다가왔습니다. 오늘 전국의 아침 기온이 0~7도로 크게 떨어지며 17년 만의 때 이른 추위가 찾아오았습니다. 북서쪽에서 찬 공기가 내려오면서 전국의 기온이 큰 폭으로 떨어지겠습니다.

아침 최저 기온은 서울이 0도, 광주 3도, 대구 3도이고, 낮 최고 기온은 서울 11도, 광주 13도, 대구 14도가 될 예정입니다. 바람도 강하게 불어 체감 온도는 더 춥겠습니다.

특히 낮과 밤의 기온 차이가 10~16도로 매우 크겠습니다.

갑자기 추워진 날씨에 감기에 걸리지 않도록 건강 관리에 조심하시기 바랍니다.

1주차

▲ 정민이가 만들려는 공익 광고의 주제로 알맞은 것에 ○표를 하세요.

[SNS 예절]   [방송 예절]   [식사 예절]

해설 정민이는 SNS 예절에 대한 공익 광고를 만들기 위한 콘텐츠를 정리하였습니다.

▲ 각 장면에서 제시한 문제점입니다. 알맞은 말에 ○표를 하세요.

• 내가 직접 확인하지 않은 내용을 다른 사람에게 (함부로, 직접 확인하고) 말했다.
• 확인되지 않은 영상을 (퍼 나르는, 차단하는) 행동을 했다.
• 무심코 올린 글과 정보를 올렸다.

해설 #1에서는 내가 직접 확인하지 않은 내용을 다른 사람에게 함부로 말하였고, #2에서는 확인되지 않은 영상을 퍼 나르는 행동을 하였습니다.

활동 SNS 예절에 대해 알리는 표어를 만들어 보세요.

> SNS는 또 하나의 나입니다 거짓 없이 보여 주어요

> 예 SNS는 또 하나의 사회입니다 예절을 지켜요

해설 예로 주어진 표어를 참고하여 SNS 예절에 대한 표어를 써 보세요.

SNS 예절 바로 알기

• 내가 직접 확인하지 않은 내용은 다른 사람에게 함부로 말하지 않는다.
• 확인되지 않은 영상을 퍼 나르는 행동은 옳지 않다.
• 무심코 올린 글과 정보는 다른 사람에게 피해를 줄 수 있으므로 주의한다.

5회 사회

1 스토리보드를 읽고 표어 만들기

SNS에서도 예절을 지켜요

스마트폰을 사용하는 사람들이 많아지면서 우리 생활에서 SNS 예절이 중요해졌어요. 정민이는 공익 광고를 만들기 위한 스토리보드를 정리했어요. 각 장면들을 보고 SNS 예절에 대한 표어를 만들어 보세요.

#1

캐릭터이 그랬대 근데   오전 9:15
그 말이 정말이야?   오전 9:17
응, 그렇대   오전 9:18
내가 직접 들은 말이야!   오전 9:20
아니, 하지만 사실이야.

내가 직접 듣지 않은 말을
사실이라고 한 적은 없나요?

#2

이 영상 좀 한번 봐 봐, 재미있어   오전 9:15
어디서 난 거야?   오전 9:17
옆 반 친구에게 받은 건데 재미있어서 너한테도 공유하는 거야.   오전 9:18
봐도 되는 건가?   오전 9:19
괜찮아. 문제 없어.   오전 9:20

확인되지 않는 영상 등을
다른 사람과 공유한 적은 없나요?

#3
★ KS|*** @k5:****
응 영우 배우 OO거~
384***** 그거 사실이야
ㄴ응응응 진짜임이어
그 기 진짜야
S87***** 이 영상 한번 봐 봐, 응청 재미있어
~이OOO 원이야
그 게이냐?

내가 무심코 올린 글과 정보

#4
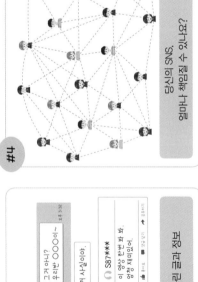
당신의 SNS,
얼마나 책임질 수 있나요?

확인 이 내용이 담긴 디지털 매체는 공익 [광] [고] 이다. 이 공익 광고를 만들기 위한 스토리보드이다.

5회 생활

2 광고를 읽고 각 광고의 특징 정리하기

책 광고를 보아요

하급 도서 부장인 유민이가 학급 도서를 구입하기 위해 여러 가지 광고를 보다가 값은 책을 소개한 인쇄 광고와 모바일 광고를 보게 되었어요. 유민이가 본 광고들은 어떠한 특징이 있는지 살펴보고, 각 광고의 특징을 써 보세요.

● 인쇄 광고

멀리 남극에서 빨간 친구가
메시지를 보내왔습니다.

**나의 친구 북극곰,
잘 살고 있니?**

둥근 북극의 끝과 남극의 끝에 살고 있지만
아주 잘 통하는 친구 사이가 되었죠.
북극곰과 빨간이 어떻게 친구가 되었는지
궁금하신 분들은 바로 서점으로 달려가세요.
북극 친구와 남극 친구가 기다리고
있을 거예요.

<<나의 친구 북극곰, 잘 살고 있니?>>
김규 지음 | 값 15,000원 | 도서 출판 달콤

활동 이 내용이 담긴 디지털 매체는 [광] 고 이다.

● 모바일 광고

나의 친구 북극곰, 잘 살고 있니?

나는 북극곰. 나는 빨간이야.
멀리 떨어져 있지만 우리는 잘 통하는 친구.
우리가 어떻게 친구가 되었을까?
궁금하면 우리를 클릭해 봐.

우주를 지키는 **최강 전사**들이 돌아왔다
전설의 게임을 즐기고 싶은 자.
여기로 모여라!
광고 보기

▲ 유민이가 본 광고의 종류를 모두 찾아 ◯표를 하세요.

[인쇄 광고] [모바일 광고] [텔레비전 광고]

해설 유민이는 자신이 사려는 책에 대해 알아보기 위해 인쇄 광고와 모바일 광고를 보았습니다.

▲ 인쇄 광고의 특징으로 알맞은 것에 ◯표를 하세요.

책에 대한 자세한 정보를 쉽게 얻을 수 있다. ☐

스마트폰만 있으면 언제 어디서든 광고를 볼 수 있다. ☐

인상적인 이미지를 제시하고, 기억에 남을 만한 문구를 활용했다. ◯

해설 책에 대한 자세한 정보를 쉽게 얻을 수 있고, 기억에 남을 만한 문구를 활용해 인상적인 이미지를 제시하는 것은 인쇄 광고입니다.

활동 유민이가 본 인쇄 광고와 모바일 광고의 특징을 정리해 보세요.

인쇄 광고	모바일 광고
인상적인 이미지를 제시하고, 기억에 남을 만한 문구를 썼다.	예 터치 등으로 참여를 유도하고 시청각적으로 강렬한 인상을 준다.

해설 인쇄 광고는 종이에 인쇄한 광고로, 모바일 광고는 모바일을 이용해 볼 수 있는 인터넷 광고입니다. 인쇄 광고는 책에 대한 자세한 정보를 쉽게 얻을 수 있고, 스마트폰만 있으면 언제 어디서든 광고를 볼 수 있는 모바일 광고입니다.

인쇄 광고 VS 모바일 광고

- 인쇄 광고는 문자, 사진, 그림을 이용해 인상적인 이미지를 제시하고, 기억에 남을 만한 문구를 활용하여 광고한다.
- 모바일 광고는 동영상, 문자, 음향 등을 이용해 시청각적으로 강렬한 인상을 주고, 터치 참여 유도와, 팝업창 등을 활용하여 광고한다.

확인 문제

확인 문제 »

1 친구와 온라인 대화를 할 때 주의할 점으로 알맞지 않은 것은 무엇인가요? (⑤)

① 비속어를 사용하지 않는다.
② 대화 주제와 관련된 내용을 말한다.
③ 상대방을 고려하여 좋은 말을 사용한다.
④ 다른 사람의 개인 정보를 함부로 말하지 않는다.
⑤ 친구와의 표현으로 또래 친구들끼리 쓰는 말만 사용한다.

해설 친구와 온라인 대화를 할 때에도 언어 예절을 지켜 바른 말을 사용해야 합니다.

2 다음 설명에 알맞은 매체에 ○표를 하세요.

청소년의 사회 참여 방법에 대한 가치의 글이나 민형이의 여행 자료처럼 글을 쓸 수 있고, 사진이나 음악, 영상 등을 활용하여 글을 쓸 수 있는 것은 (블로그 , 인터넷 백과사전)이다.

해설 블로그는 직접 글을 쓰면서 생각이나 정보를 모아 둘 수 있고, 사진이나 음악, 영상 등을 활용하여 글을 쓸 수 있습니다.

3 다음과 같은 매체에 대해 알맞게 말한 친구의 이름을 쓰세요.

<사랑해, 우리들>

유나: 알고 싶은 정보를 찾을 수 있는 인터넷 백과사전이야.
서연: 글이나 영상으로 전하려는 내용을 표현하는 블로그야.
민형: 그림과 인물의 대사로 내용을 전달하는 웹툰이야.

(민형)

해설 웹툰은 장면을 표현한 그림과 인물의 대사로 내용을 전달합니다.

4 다음 매체에 대한 설명입니다. 빈칸에 들어갈 알맞은 말을 쓰세요.

동시에 많은 사람에게 전할 수 있는 (뉴스로 , 소리와) 영상으로 정보를 전달하고 있다.

(텔레비전)

해설 텔레비전 뉴스에 대한 설명입니다.

정답과 해설 14쪽

확인 문제 »

5 인터넷 뉴스의 특징으로 알맞은 것은 무엇인가요? (⑤)

① 뉴스를 전송한 시간을 알 수 없다.
② 전송된 뉴스의 내용은 수정할 수 없다.
③ 짧은 글로 글쓴이의 생각이 표현되어 있다.
④ 여러 사람에게 개인 영상으로만 정보를 전달한다.
⑤ 댓글을 통해 뉴스 내용에 대한 다른 사람의 의견을 알 수 있다.

해설 인터넷 뉴스는 댓글을 통해 뉴스 내용에 대한 다른 사람의 의견을 알 수 있습니다.

6 다음과 같이 필요한 정보를 찾을 수 있는 매체는 무엇인가요? (⑤)

> **생텍쥐페리** (1900~1944년)
> (인물 설명 자료)

① 블로그
② 인터넷 뉴스
③ 온라인 대화방
④ 인터넷 게시판
⑤ 인터넷 백과사전

해설 인터넷 백과사전에서 생텍쥐페리에 대한 정보를 찾을 수 있는 자료입니다.

7 왼쪽 광고에 대한 설명으로 알맞지 않은 것은 무엇인가요? (②)

① 책을 소개하는 광고이다.
② 영상으로 구성되어 있다.
③ 기억에 남을 만한 문구를 활용하였다.
④ 글과 그림으로 재미있게 표현하고 있다.
⑤ 무엇에 대해 알리고 있는지 알 수 있다.

해설 이 광고는 인쇄 광고로, 그림과 글로 구성되어 있습니다.

2주차

정답과 해설

1 주차

1회
1 이 책 읽어 봤니?
2 청소년의 목소리 내기

2회
1 사랑해, 우리말
2 제노비스 신드롬을 아시나요?

3회
1 영국으로 가자!
2 달이 녹슬고 있다고?

4회
1 생텍쥐페리의 마지막 비행
2 날씨가 추워졌어요

5회
1 SNS에서도 예절을 지켜요
2 책 광고를 보아요

2 주차

1회
1 우리 반 패션 발표회
2 무주 반딧불 축제

2회
1 페이어를 이렇게 처리해요
2 화가 이중섭

3회
1 피토그램의 문제점
2 단오

4회
1 생명을 지켜 주는 비율
2 코로나19와 거리 두기

5회
1 길고양이 캣맘 논란
2 선거를 해요

3 주차

1회
1 마음을 전해요
2 미스터리 서클

2회
1 고유어 난방 방식, 온돌
2 고양이를 키워요

3회
1 공중 시계, 앙부일구
2 생활 속 표준 이야기

4회
1 삶의 가치를 찾아서
2 세계의 궁

5회
1 환상의 싱크홀
2 광고 스토리보드 만들기

4 주차

1회
1 친구 사랑 실천하기
2 세계 음식, 베트남 쌀국수

2회
1 점점 심해지는 이동하대
2 배가 바다에 뜨는 원리

3회
1 자유의 여신상
2 청소기 사세요

4회
1 플라스틱의 역습
2 게임 개발자가 궁금해요

5회
1 치료에 사용하는 빛
2 떡볶이 만들기

정답과 해설 17쪽

1회 / 생활

1 온라인 대화를 읽고 주제에 알맞게 대화 하기

우리 반 패션 발표회

지수네 반은 직업 활동 시간에 패션 디자이너에 대한 수업을 했어요. 그리고 다음 달에 패션 발표회를 열어 모둠별로 발표하기로 했어요. 지수네 모둠이 나눈 대화 내용을 읽고, 발표회를 위해 만들 옷에 대한 자신의 생각을 써 보세요.

＜ 내 친구들 이야기방 5

박송이: 얘들아, 안녕?
김준호: 패션 발표회 때 무엇을 할지 생각해 봤니? 오후 3:00
박송이: 어떻게 작품으로 만들지도 정해 보자. 시간이 얼마 안 남았어. 오후 3:05
김준호: 발표하는 다음 달이고, 지금은 어떤 작품을 할지만 고민하면 돼. 다음주 직업 활동 시간에 밑그림 그려서 어떤 작품인지 설명하는 게 중요하다고 하셨으니까. 오후 3:10
박송이: 그래도 나는 직접 만들어 보고 싶어. 오후 3:14
한유라: 그럼 시간까지는 않을 것 같아. 오늘은 어떤 작품을 할지 정하고 밑그림 그리는 정도가 작업에. 오후 3:17
박송이: 아쉽지만 할 수 없지. 오후 3:20
내가 생각해 본 것은 한복이야. 오후 3:23

＜ 내 친구들 이야기방 5

정운기: 한복은 너무 흔해. 다른 거 없어? 오후 3:30
정운기: 일반 한복 말고 평상시에도 편하게 입을 수 있는 생활 한복에 요즘 느낌을 더해서 바꿔 보는 것도 좋을 것 같아. 오후 3:38
정운기: 한복은 촌스럽다는 생각 밖에 안 들어. 오후 3:42
박송이: 요즘 한류가 대세잖아. 단자수 이건 신선. 오후 3:46
한유라: 나도 아직 고민 중이었는데, 지수 의견 들어보니 괜찮을 것 같아. 오후 3:50
김준호: 나도. 오후 3:56
한유라: 그럼 어떤 생활 한복으로 발표회를 할지 밑그림 그림 그릴 수 있게 구체적으로 오후 4:00

화면 이 내용이 담긴 디지털 매체는 온라인 대 화 방 이다.

▲ 온라인 대화방에서 나눈 대화 내용에 ○표를 하세요.

우리 반 패션 발표회 준비 〔○〕
우리 반 미술 전시회 준비 〔 〕

해설 지수네 반은 직업 활동 시간에 우리 반 패션 발표회를 열어 모둠별로 발표하기로 했습니다.

▲ 온라인 대화방에서 다른 사람의 의견을 비판만 한 친구를 골라 ○표를 하세요.

박송이　한유라　김준호　(정운기)

해설 정운기는 친구들의 의견에 비판만 했습니다.

활동 온라인 대화방에서 나눈 대화 내용을 보고, 패션 발표회를 위해 어떤 옷을 만들면 좋을지 자신의 생각을 써 보세요.

＜ 내 친구들 이야기방 5

김준호: 생활 한복이, 새롭게 보이려면 어떻게 꾸미면 좋을까? 오후 4:40
한유라: 치마에 요즘 유행하는 문양 같은 것을 그려 넣어도 좋을 것 같아. 오후 4:42
박송이: 저고리에 주머니나 디자인 장식을 붙여 보는 건 어떨까? 오후 4:55

＜ 내 친구들 이야기방 5

김준호: 모두 괜찮은 생각이다. 너는 어떤 생활 한복으로 할지 생각해 봤니? 오후 5:00

예) 동아서울 때 반진을이 가장 좋아하는 요즘 친구들이 좋아하는 개 리테를 저고리 뒷면에 그려 넣으면 좋을 것 같아.

해설 생활 한복을 어떻게 바꾸면 좋을지 자유롭게 생각하게 생각해 써 봅니다.

온라인 대화방을 이용할 때 주의할 점

온라인 대화방은 다양한 목적으로 정보와 이야기를 나눌 수 있다는 좋은 점이 있지만, 온라인 대화방에서 대화를 나눌 때에는 예절을 지키며 다른 사람에게 상처를 주지 않도록 해야 한다.

1회
사회

② 웹툰과 블로그를 읽고 광고 만들기

무주 반딧불 축제

태리네 가족은 무주에서 열리는 반딧불 축제를 다녀왔어요. 인터넷에서 본 반딧불 축제 포스터와 블로그를 읽고 반딧불 축제가 궁금해졌거든요. 축제 홍보 포스터와 블로그의 글을 읽고 무주 반딧불 축제를 알리는 광고를 만들어 보세요.

태리의 SNS

무주 반딧불 축제에 가요

👍 좋아요 36개

온호 테리야, 이 사진 뭐야?
테리 반딧불이야. 멋쟁이지?
세윤 정말? 그럼 자기 네가 직접 찍은 거야?
테리 나 이번에 가족들이랑 무주 반딧불 축제에 다녀왔거든. 거기에서 찍어서.

어, 정말 환상적이다.

저게 실화라니! 반딧불 축제에 대해 좀 알려 줘.

응, 내가 무주 반딧불 축제 광고를 만들어서 학급 게시판에 올릴게.

꿀팁! 이 내용이 담긴 디지털 매체는 웹툰 과 블로그 이다.

2주차

② 주차

블로그 ▦

🌙 개똥벌레 이야기 ×

← → C

내 블로그 | 이웃 블로그 | 블로그 홈 | 로그인

메모 | 안부

URL 복사

🐛 개똥벌레
무주에서는 8월 말에서 9월 초 사이에 반딧불이를 소개로 반딧불 축제를 엽니다.

반딧불이를 만나요

20○○. 08. 29. 19:25

반딧불이는 약 1.5cm 정도의 작은 곤충으로 흔히 개똥벌레라고도 부릅니다. 반딧불이는 위험을 알리거나 짝을 찾기 위한 신호로 배의 끝마디에서 빛을 냅니다. 반딧불이의 배 부위에 빛을 내는 특수한 발광 세포가 있어서 가능한 일이지요.

반딧불이는 환경 지표종

환경 지표종이란 환경 오염과 같은 외부 환경 변화에 민감하게 반응하는 생물을 말합니다. 따라서 반딧불이가 사는 무주는 그만큼 청정한 지역이라는 뜻이지요.

무주 반딧불 축제에서는 반딧불이 생태와 관련한 다양한 행사를 즐길 수 있습니다. 생태 체험관에서는 반딧불이가 알에서 애벌레의 유충, 번데기 과정을 거친 다음 다 자란 어른 벌레의 성충이 되는 반딧불이의 한살이 과정을 살펴볼 수 있고, 가족과 1박 2일 반딧불이 생태 교육 체험도 할 수 있습니다. 그중에서도 반딧불이 신비 탐사는 축제의 최고 인기 프로그램으로 어디에서도 경험하지 못한 색다른 감동을 안겨 줍니다.

목록

전체 보기(117)

곤충(56)
멸종 위기 곤충(39)
곤충 사록(22)

#반딧불이 #반딧불축제 #무주 #청정지역 #환경지표종 #신비탐사

이웃을 사랑하는
무주 소년

+ 이웃 추가   📧 채팅

🐛 개똥벌레

자료종이란

환경 지표종이란 환경 오염과 같은 외부 환경 변화에 민감하게 반응하는 생물을 말한다.

• 특정 지역의 환경 생태를 측정하는 척도로 이용되는 생물을 말한다.
• 환경 조건이나 오염 정도를 알 수 있게 해 주는 환경 지표종에는 반딧불이, 물 총새 등이 있다.
• 물이 맑은 정도를 알 수 있게 해 주는 생물 지표종에는 산천어, 쉬리 등이 있다.

주차 2

정답과 해설 19쪽

활동 1

태리네 가족이 다녀온 축제에 대해 간단히 정리해 보세요.

축제 이름	무주 반딧불 축제
축제 장소	무주(군)
축제 기간	8월 28일~9월 5일
최고 인기 프로그램	반딧불이 신비 탐사

해설 무주 반딧불 축제는 무주 읍내에서 열립니다. 축제의 최고 인기 프로그램은 반딧불이 신비 탐사입니다.

▲ 태리네 가족이 다녀온 축제는 무엇인지 ○표를 하세요.

무주 특산물 대축제 | 안동 국제 탈춤 페스티벌 | (무주 반딧불 축제)

해설 태리네 가족이 무주에서 열리는 무주 반딧불 축제에 다녀왔습니다.

▲ 블로그 내용으로 알맞은 것에 ○표를 하세요.

반딧불이는 우리나라에서는 볼 수 없는 곤충이다. ☐

무주에서는 8월 말에서 9월 초 사이에 반딧불이를 소재로 반딧불 축제를 연다. ◯

무주 반딧불 축제에서는 반딧불이 생태와 관련한 다양한 행사를 즐길 수 있는데, 반딧불이를 직접 볼 수는 없다. ☐

해설 반딧불이는 무주에 살고 있으며, 축제 프로그램 가운데 가장 인기 있는 '반딧불이 신비 탐사'에서 반딧불이를 직접 볼 수 있습니다.

▲ 다음은 반딧불이의 한살이입니다. 빈칸에 알맞은 과정을 쓰세요.

알 → 유충 → 번데기 → 성충

해설 반딧불이는 알에서 유충, 번데기, 번데기 과정을 거친 다음 성충이 됩니다.

활동 2

앞서 정리한 내용을 바탕으로 무주 반딧불 축제를 알리는 광고를 만들어 보세요.

무주에서 만나는 반딧불이 체험

밤하늘을 환하게 수놓는 수많은 반딧불이와 함께 한여름밤의 추억을 담아 보세요.

행사 내용 가족과 1박 2일 반딧불이 생태 교육 체험, 반딧불이 신비 탐사 등

20○○ 8월 28일 ~ 9월 5일
무주군 일원

해설 축제의 기본적인 정보와 축제의 특징이 잘 드러나게 만듭니다.

예 무주 반딧불이와 함께 축제 속으로

여름 밤, 반딧불이와 환상적인 체험이 여러분을 기다리고 있습니다.

축제 장소: 무주군 일원

축제 기간: 20○○ 8월 28일~9월 5일

축제의 행사: 가족과 1박 2일 반딧불이 생태 교육 체험, 반딧불이 신비 탐사 등

정답과 해설 20쪽

2주차

▲ 빈칸에 알맞은 말을 쓰세요. **답** 폐의약품

( )은/는 유통 기한이 지났거나 변질되어 사용할 수 없는 약품을 말한다.

해설 유통 기한이 지났거나 변질되어 사용할 수 없는 약품을 폐의약품이라고 한다.

▲ 폐의약품을 버리는 수거함이 있는 곳의 기호를 쓰세요. **답** ㉮, ㉯

㉮ 약국 　㉯ 보건소
㉰ 정비실 ㉱ 쓰레기 분리수거장

해설 폐의약품은 약국이나 보건소의 폐의약품 수거함에 버려야 한다.

활동 카드 뉴스의 내용을 바탕으로 하여 인터넷 게시판에 폐의약품의 처리에 대해 제안하는 글을 써 보세요.

제목: 예) 폐의약품은 폐의약품 처리함에 버려 주세요.

예) 집에 있는 상비약이나 병원에서 처방받은 약 중에 유통 기한이 지났거나 변질된 것은 사용하지 못해요. 이렇게 사용하지 못하는 약품들을 함부로 버리면 절대 안 돼요. 환경을 오염시키기 때문이에요. 폐의약품은 반드시 보건소나 약국의 폐의약품 처리함에 버립시다.

전체 공개　올리기

해설 폐의약품의 처리 방법을 정리해 제안합니다.

폐의약품 올바르게 버리는 방법

• 폐의약품은 유통 기한이 지났거나 변질되어 사용할 수 없는 약품을 말한다.
• 폐의약품은 알약, 가루약, 물약 등 종류별로 구분한다.
• 가까운 약국이나 보건소의 폐의약품 수거함에 버린다.

2회
과학

1 카드 뉴스를 읽고 인터넷 게시판에 글 쓰기

폐의약품 이렇게 처리해요

가정에서 사용하고 버리는 폐의약품은 어떻게 처리할까요? 폐의약품 처리 방법을 담은 카드 뉴스를 읽고 폐의약품 처리 방법에 대해 제안하는 글을 인터넷 게시판에 써 보세요.

폐의약품은 잘 모아서 보건소나 약국의 폐의약품 수거함에 안전하게 버려야 해요.

시럽의 경우는 뚜껑을 꼭 닫아 시럽이 흐르지 않게 버려야 해요.

폐의약품을 가정에서 무분별하게 버리면 심각한 토양 오염과 수질 오염을 일으켜요.

폐의약품을 버릴 때는 다른 쓰레기와 섞어 버리거나 재활용 포장 용기와 함께 버리면 안 돼요.

핵심어 이 내용이 담긴 디지털 매체는 [카] [드] [뉴] [스] 이다.

2회
인물

2 블로그 글을 읽고 댓글 쓰기

화가 이중섭

제주도에 있는 이중섭 미술관에 다녀왔어요. 그리고 소나 아이들을 주로 그린 이유가 궁금해져서 이중섭에 대해 알아보고, 그 내용을 블로그에 정리했어요. 블로그 내용을 읽고 이중섭의 그림에 대한 자신의 생각을 댓글로 써 보세요.

블로그

이중섭의 삶과 그림
지혜의 거울   2022.09.28 17:24

이중섭(1916~1956)은 대한민국 근대 미술을 대표하는 화가예요.

그는 자신이 보고 겪은 많은 것들 가운데 소, 달, 아이, 게, 그리고 가족을 주로 하는 그림을 주로 그렸어요.
그에게 이어서 그림은 자신을 말하는 통로가 되었지요.

이중섭은 어릴 때부터 그림 그리기를 좋아했어요. 그 가운데에서도 소의 커다란 눈을 들여다보고 있으면 그저 행복했대요.

21세 미술 대학 시절 미술에 대해 좀 더 배우기 위해 일본으로 유학을 떠나셨어요. 그리고 일본인 여성 마사코를 만나 우리나라로 돌아와 결혼을 하셨어요. 신혼집에서 마사코가 키우던 '닭'은 소에 이어 이중섭이 즐겨 그리는 소재가 되었지요.

한국전쟁 당시 제주도로 피란을 가 생활한 10개월은 가가 가족과 함께 실었던 행복한 시간이었어요. 그는 그 시간을 가족 그림을 그려 고스란히 담았어요. 어릴 적 부족해 남마다 바닷가에 나가 게를 잡아먹었는데, 그 게들의 넋을 달래기 위해 게 그림을 그리기도 했어요.

어린 곧 생활 탓에 이내가 두 아들을 데리고 일본으로 떠나고 난 뒤, 이중섭은 가족에 대한 그리움 그림을 그리며 달랬어요. 그림을 그릴 종이가 없어 담뱃갑 은박지에 그림을 그리기도 했지요. 결국 가족에 대한 그리움으로 몸과 마음이 쇠약해진 그는 1956년 40세의 나이로 세상을 떠나셨어요.

▲ 〈흰 소〉

▲ 〈물과 아이〉

#화가이중섭 #이중섭 #이중섭그림 #대한민국근대미술 #이중섭소

`확인` 이 내용이 담긴 디지털 매체는 [블] [로] [그] 이다.

▲ 이중섭이 주로 그린 그림의 주제가 아닌 것에 ○표를 하세요.

[호랑이]   [소]   [아이]

`해설` 이중섭은 소, 달, 아이, 게, 가족을 주제로 하는 그림을 주로 그렸습니다.

▲ 블로그를 통해 얻을 수 있는 정보를 모두 골라 ○표를 하세요.

- 첫 아이를 잃은 뒤 이중섭은 아이 그림을 하루에 수십 장씩 그렸다.
- 이중섭은 그림을 그릴 종이가 없어 담뱃갑 은박지에 그림을 그리기도 했다.
- 이중섭은 미술을 공부하기 위해 미국으로 유학을 갔다가 아내 마사코를 만났다.

`해설` 이중섭은 미술을 공부하기 위해 일본으로 유학을 다녀왔다.

`활동` 이중섭의 그림에 대한 자신의 생각을 정리해 댓글로 써 보세요.

댓글

👍 공감 5 | 💬 댓글 2 | ∧

┗ 제주소녀   박물관에 가서 원화를 직접 보았는데 가족에 대한 간절함이 느껴졌어요.

┗ 그림좋아   자신이 모든 것을 그림으로 표현하는 것을 보니, 자기의 그림에 대한 열정이 얼마나 대단한지 알 수 있을 것 같아요.

`예` 유난히 가족 그림이 많은 걸로 봐서 가족에 대한 그리움이 굉장히 컸던 것 같아요.

1000자 이내   [등록]

`해설` 이중섭이 그린 그림들에 담긴 의미나 그 이야기를 생각하며 써 봅니다.

이중섭 미술관

화가 이중섭을 기리기 위해 2002년 11월 제주도 서귀포시 서귀동 '이중섭 거리' 안에 설립한 미술관으로, 〈서귀포의 추억〉, 〈물고기와 노는 두 어린이〉, 〈도원〉 등의 원화와 우리나라를 대표하는 근현대화가의 작품 등을 소장 및 전시하고 있다.

3회
사회

1 웹툰을 읽고 픽토그램 바꿔 그리기

픽토그램이 문제점

웹툰 〈아빠랑 함께 가요〉는 아빠와 민둥이 기차 여행을 가게 된 민서가 기차역 에스컬레이터에 부착되어 있는 안전 주의 픽토그램을 보고 아빠와 나눈 대화예요. 웹툰을 다시 읽고 안전 주의 픽토그램을 바꿔 그려 보세요.

아빠랑 함께 가요 〈에스컬레이터에서〉

그 밖에 여성이 표현된 픽토그램을 살펴볼까요?

기저귀 교환대 표지판
아기의 기저귀를 가는 보호자가 여성으로 표현되어 있음.

어린이 보호 표지판
횡단보도를 건너는 아동의 보호자가 여성으로 표현되어 있음.

출입문 끼임 주의 표지판
유모차를 끄는 보호자가 여성으로 표현되어 있음.

이 내용이 담긴 디지털 매체는 웹툰 이다.

주차 2

웹툰에서 민서가 에스컬레이터를 타며 이상하게 생각한 것은 무엇인지 ○표를 하세요.

- 에스컬레이터에 안전 주의 표지판이 있는 것
- 에스컬레이터의 안전 주의 표지판에 어린이만 그려져 있는 것
- 에스컬레이터의 안전 주의 표지판에 아이의 보호자로 여성만 그려져 있는 것

민서는 아빠와 에스컬레이터를 타면서 안전 주의 표지판에 아이의 보호자로 엄마처럼 여성만 그려져 있는 것을 보고 이상하게 생각했습니다.

다음 픽토그램 가운데 여성이 그려져 있지 않은 것에 ○표를 하세요.

아이의 보호자를 표현한 픽토그램에는 모두 여성이 그려져 있습니다.

활동 웹툰에서 민서가 에스컬레이터를 타며 본 안전 주의 픽토그램을 바꿔 그려 보세요.

보호자는 여성일 수도 있지만, 남성일 수도 있습니다. 따라서 성별이 드러나지 않도록 표현해 봅니다.

픽토그램 용어

- 픽토그램은 '그림(picture)'과 '전보(telegram)'의 합성어이다.
- 사물, 시설, 행동 등을 그림으로 표현해 누구나 쉽게 알아들을 수 있게 한 그림문자를 말한다.
- 모든 사람이 바로 이해할 수 있도록 단순하게 표현되되, 의미가 두렷해야 한다.

3회
문화

2 블로그를 읽고 마인드맵으로 정리하기

단오

나라마다 고유의 풍습이 있어요. 윤서는 우리나라의 옛 명절 가운데 단오에 했던 풍습에 대해 블로그에 정리해 보았어요. 블로그를 통해 알게 된 단어에 대한 내용을 마인드맵으로 정리해 보세요.

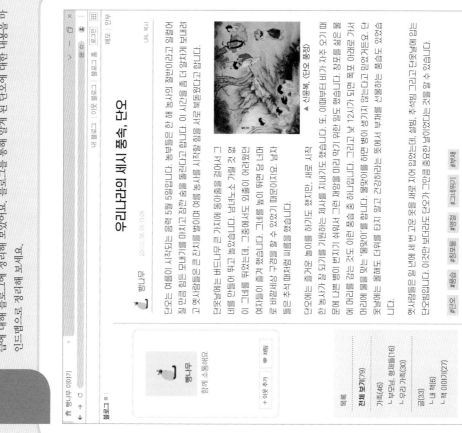

빵나무 이야기

빵나무
함께 소통해요

+이웃 추가 채팅

블로그 ▼
목록
전체 보기(79)
가족(46)
　나무랑 형제들(16)
　우리 가족(30)
글(33)
　내 책(6)
　책 이야기(27)

내 블로그 | 이웃 블로그 | 블로그 홈 | 로그인　　메모 | 안부

URL 복사

우리나라의 세시 풍속, 단오

빵나무　20.05.06. 01:15:05

단오는 여름이 시작되는 음력 5월 5일입니다. 농부들은 한 해 농사의 절반이라고 일컬어질 만큼 힘든 모내기를 마치고 잠깐 숨을 돌린다고 합니다. 이 시간쯤 즈음 일 년 중에 가장 사람들이 크고 작은 일을 시작할 힘을 서로 북돋웠다고 합니다.

단옷날에는 빼다녀무 큰 가지에 동아줄을 걸어서 그네를 만들어 뛰고 놀았습니다. 남녀노소 가릴 것 없이 그네를 뛰었는데, 그중에서도 외줄에 어린아이들이 좋게 했습니다. 그네를 높이 뛰면 높이 담으며 여자분에서도 구경을 할 수 있었기 때문이지요. 남자들은 주석 맞자처럼 씨름을 했습니다.

단오에는 즐겁고 놀이를 하기도 했지만, 새로 시작한 농사가 잘 되기를 기원하는 제사를 지내기도 했었습니다. 또, 이때부터 비가 자주 오기에 단오에 나쁜 병이 번지기 쉬워서 그런 재앙을 미리 막기 위한 일도 했습니다. 창포를 삶은 물에 머리를 감는 것도 이런 풍습 중 하나입니다. 그리고 낮 12시가 되면 복표 아래로 가서 몸에 물을 맞는 물맞이를 합니다. 물맞이를 하면 병이 생기지 않는다고 믿었거든요. 단옷날에는 윗사람 더위를 타지 않고 건강하라는 뜻에서 부채를 선물하는 풍습도 있었습니다.

옛사람들을 일년에 세 번 고운 웃음 새로 지어 임었는데, 추석날 그러고 단옷날에 입는 단오빔입니다. 이것만 보더라도 단오가 그만큼 중요한 날이었다는 것을 알 수 있습니다.

▲ 신윤복, 〈단오 풍정〉

#단오 #풍속 #창포물 #명절 #부채
#세시 풍속 #그네뛰기 #씨름

확인 이 내용이 담긴 디지털 매체는 [블] [로] [그] 이다.

---

2 주차

정답과 해설 23쪽

▲ 블로그의 내용으로 알맞은 것에 ○표를 하세요.

　중국에서 단오를 즐기게 된 유래가 나타난 글이다.　□

　우리나라의 세시 풍속 단오에 대한 설명이 나타난 글이다.　◯

해설 우리나라에서 세시 풍속 단오의 뜻과 유래, 하는 일 등이 나타난 글입니다.

▲ 블로그의 제목을 바꾸어 보려고 합니다. 제목으로 어울리지 않는 것의 기호를 쓰세요. **정답 ㉱**

　㉮ 단오가 궁금해
　㉯ 단오에 무슨 음을 했을까?
　㉰ 부채를 찾아라
　㉱ 단옷날의 풍습을 알아보아요

해설 제목은 글의 내용을 포괄하는 것이어야 합니다. 글의 내용과 관련 없는 것을 고릅니다.

활동 블로그를 읽고 우리나라의 명절 단오를 마인드맵으로 정리하여 써 보세요.

단오

날짜
음력 5월 5일

하는 일
• 창포물에 머리 감기
• 농사가 잘 되기를 기원하며 제사 지내기
• 부채 선물하기

옛날의 단오 풍습
• 창포물에 머리 감기
• 물맞이
• 부채 선물하기
• 단오빔 지어 입기

놀이
• 그네 뛰기
• 씨름

해설 글의 내용을 날짜, 하는 일, 놀이, 풍속 등으로 나누어 핵심 내용을 간단하게 정리해 봅니다.

블로그 제목 작성법

• 호기심을 유발하는 제목을 쓴다.
• 많은 사람이 공감할 수 있는 제목을 쓴다.
• 지식이나 정보 혹은 방법을 알려 주는 제목을 쓴다.
• 자신이 먼저 체험했거나 경험해서 알게 된 정보를 알려 주는 제목을 쓴다.

4회 과학

1 인터넷 뉴스를 읽고 정리하기

생명을 지켜 주는 비율

생명을 위해 꼭 지켜야 하는 비율이 있다는 것을 알고 있나요?
우리의 생명을 위해 꼭 지켜야 하는 비율에 대한 인터넷 뉴스를 읽고 중요한 내용을 정리해 보세요.

NEWS | 과학 | 정치 | 스포츠 | TV연예 | 날씨

한민재 기자

입력 2020○-4-22 오전 9:15

생명을 지켜 주는 비율

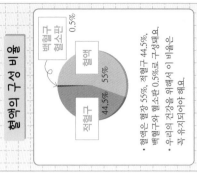

· 질소 78%
· 산소 21%
· 이산화탄소 0.03%

아름다운 건축물을 만들거나 요리를 할 때에 꼭 지켜야 하는 비율이 있습니다. 바로 비율입니다. 건축물에서 가로와 세로의 비율이 적절할 때 아름다움이 느껴지고, 요리에서도 음식 재료를 알맞은 비율로 넣어야 맛이 있습니다. 이처럼 우리 몸을 위해서도 꼭 지켜야 하는 비율이 있습니다.

먼저, 공기의 구성 비율입니다. 공기의 구성 비율은 질소, 산소, 이산화 탄소가 78:21:0.03입니다. 이 비율이 유지 되어야 우리 몸을 숨을 쉬면서 살아갈 수 있습니다. 질소는 산소가 너무 많이 흡수되지 않도록 우리는 산소 중독으로 쓰러지게 됩니다. 산소가 부족해도 우리는 숨을 쉴 수 없 지만, 산소가 너무 많아도 우리는 산소 중독으로 쓰러지게 됩니다. 그래서 질소는 산소가 적절한 비율을 유지하도록 도와 주는 역할을 합니다. 산소는 우리 몸에 들어와 이산화 탄소를 몸 밖으로 나가 게 합니다. 이렇게 질소와 산소와 이산화 탄소가 서로에게 영향을 미치며 적절한 비율을 유지합니다.

또, 혈액의 구성 비율도 우리 몸을 위해 꼭 지켜야 하는 비율입니다. 혈액은 우리 몸에 필요한 산소와 영양소를 운반해 주는 역할을 한다. 이때 혈액 속에는 물과 같은 혈장이 성분이 절반 가량을 차지하고, 백혈구, 혈소판이 나머지를 채웁니다. 작절한 성분이 생길 수도 있고, 혈소판이 부족하면 피 가 멎지 않는 혈액병이 생길 수도 있습니다. 그래서 혈액 속에서도 이 비율을 잘 기억해야 하겠습니다. 혈장과 적혈구, 백혈구와 혈소판의 비율은 55:44.5:0.5가 꼭 지켜야 합니다.

확인 이 내용이 담긴 디지털 매체는 인터넷 [뉴][스]이다.

정답과 해설 24쪽

인터넷 뉴스의 내용으로 알맞은 것에 ○표를 하세요.

▲

이 글은 생명을 지켜 주는 (과정 / **비율**)에 대한 인터넷 뉴스이다.

해설 이 글은 생명을 지켜 주는 비율에 대한 인터넷 뉴스이다.

공기의 구성에 대한 설명으로 알맞은 것을 골라 ○표를 하세요.

▲

질소는 산소가 너무 많이 흡수되는 것을 막아 준다.

산소는 많을수록 맑은 공기를 마실 수 있어서 건강에 좋다.

해설 산소가 너무 많으면 산소 중독에 걸릴 수 있습니다.

활동 생명을 유지하기 위해 꼭 필요한 비율에 대해 정리하였습니다. 인터넷 뉴스의 내용을 바탕으로 빈칸에 알맞은 내용을 쓰세요.

공기의 구성 비율
우리 몸을 유지하기 위해 꼭 필요한 비율을 알아보자!

질소 78%
산소 21%
이산화탄소 0.03%

해설 인터넷 뉴스의 내용에서 중요한 부분을 정리해 만들어 봅니다.

혈액의 구성 비율

백혈구 혈소판 0.5%
혈액 55%
적혈구 44.5%

· 혈액은 혈장 55%, 적혈 44.5%, 백혈구와 혈소판 0.5%로 구성돼요.
· 우리의 건강을 위해서 이 비율은 꼭 유지되어야 해요.

공기 중에서 가장 많은 기체는?

공기 중에 가장 많이 있는 기체는 질소이다. 질소는 공기의 78%를 차지하고 있고, 색깔도 맛도 없는 기체이다. 질소는 식물이나 과일을 포장하는 데 사용되며, 내용물을 신선하게 유지해 주는 역할을 한다. 또, 전구 속에도 질소를 넣어서 전 깃불이 잘 켜져 있도록 한다.

4회 과학

2 뉴스 방송 대본을 읽고 픽토그램 그리기

코로나19와 거리 두기

코로나19는 우리 일상을 변화시켰어요. 텔레비전 뉴스에서는 이로 인해 아시아계 사람들에 대한 혐오 범죄가 늘고 있는 것에 대해 소개했어요. 뉴스 방송 대본을 읽고 코로나19를 예방하기 위한 픽토그램을 만들어 보세요.

설명 코로나19로 인한 혐오 범죄 늘어

지구촌을 강타한 코로나 바이러스로 인해 전 세계적으로 많은 사람들이 사망하고 있습니다. 이와는 별개로 전 세계 아시아계 사람들에 대한 혐오 범죄가 늘고 있어 기자 안소희 기자가 소개합니다.

안소희 기자: 지난날 미국 뉴욕의 지하철에서 흑인 남성이 아시아인을 무차별 폭행하는 일이 또다시 발생했습니다. 폭행이 이루어지고 있는 동안 누구도 나서서 제지하지 않았습니다. 최근 미국 등 세계 곳곳에서는 아시아인을 대상으로 한 혐오 범죄가 끊임없이 발생하고 있습니다.

감염병은 과거부터 주준히 발생되어 왔지만 점점 주기가 짧아지고 있습니다. 그에 따라 감염병 바이러스에 대처하기 위해 거리 두기는 필수가 되었습니다. 하지만 거리 두기로 인해 단절된 사람들 사이에서 코로나가 시작된 곳에 대한 확인되지 않은 소문이 확산되면서 아시아 계 사람들에 대한 증오가 세계 곳곳에서 나타나고 있는 실정입니다.

2015년 세계보건기구(WHO)는 '질병과 원인에 대한 명명 원칙'에서 지리적 위치, 사람 이름, 동물의 종을 병의 이름에 쓸 수 없게 하였습니다. 즉, 질병의 이름이 특정 국가, 민족, 종에 낙인이 찍지 않도록 하기 위해서입니다.

감염병 예방을 위한 거리 두기가 사람과 사람 사이를 갈라놓지 않아야 할 것입니다. ETS 안소희입니다.

확인2 이 내용이 담긴 디지털 매체는 텔레비전 뉴 스 이다.

▲ 뉴스의 내용으로 알맞은 것에 ○표를 하세요.

코로나19의 발원지는 아시아에 있다. □

코로나 바이러스 감염자가 세계적으로 속출하고 있다. ◉

코로나 바이러스와 관련해 혹인을 향한 증오 범죄가 늘고 있다. □

해설 코로나 바이러스의 발원지에 대한 확인되지 않은 소문이 확산되면서 아시아인에 대한 증오 범죄가 늘고 있다.

▲ 2015년 세계보건기구(WHO)에서 발표한 '질병과 원인에 대한 명명 원칙'에서 질병 이름에 들어갈 수 없는 것을 모두 골라 ○표를 하세요.

[사람 이름] [지리적 위치] [바이러스의 모양]

해설 사람 이름, 지리적 위치, 동물의 종을 병의 이름에 쓸 수 있습니다.

활동 코로나19를 예방하기 위한 픽토그램을 만들어 보세요.

거리 두기	마스크 착용	체온 체크
2M	예	예

해설 그림문자인 픽토그램은 단순하게 표현되어 의미가 뚜렷하게 나타나야 합니다.

사회적 거리 두기 단계
• 1단계: 지속적 억제 상태 유지
• 2단계: 지역 유행_인원 제한
• 3단계: 권역 유행_모임 금지
• 4단계: 대유행_외출 금지

5회 사회

1 인터넷 뉴스를 읽고 댓글 쓰기

길고양이 캣맘 논란

길고양이에게 사료를 제공하는 사람을 캣맘이라고 해요. 요즘 캣맘이 늘어나면서 캣맘에 대해 곱지 않은 시선들도 있어요. 캣맘 논란에 대한 인터넷 뉴스를 읽고 나의 의견을 댓글로 써 보세요.

NEWS | 사회 | 정치 | 스포츠 | TV연예 | 날씨

이웃 간의 갈등으로까지 번진 캣맘 논란

김해준 기자

20○○-10-15 13:54 | 조회 68

▲ 도심 속 길고양이들

요즘 길고양이에게 사료를 제공하는 이른바 캣맘들이 늘고 있습니다. 도심의 골목에서 살아가는 길고양이는 도심의 골목에서 사람과 함께 살아가는 하나의 생명으로 존중하며 먹이를 제공하는 겁니다. 캣맘들은 일정한 시간에다 사료와 물을 가져다주며 지역의 길고양이를 돌보고 있는데요. 하지만 한편에서는 이러한 캣맘에게 곱지 않은 시선들을 보내는 사람들도 있습니다.

주민 A씨는 "길고양이에게 사료를 주면 길고양이들이 더 늘 거 아닙니까? 길고양이가 늘어나면 쓰레기를 뒤지고 아무데나 똥을 싸서 주변이 지저분해질 수밖에 없어요."라고 말했습니다. 주민 B씨는 "밤에 고양이 소리 때문에 잠을 잘 수가 없어요. 캣맘들이 먹이를 주지 않으면 사라질 것 같은데 자꾸 먹이를 주니까 점점 늘어나잖아요."라며 불만을 토로했습니다.

확인 이 내용이 담긴 디지털 매체는 인터넷 [뉴][스]이다.

주민 C씨는 "길고양이들 때문에 집값이 떨어질 것 같단 말이죠. 지방자치단체에서 이 문제를 해결해야 한다고 생각합니다."라며 지방자치단체의 해결이 필요하다는 의견을 제시했습니다. 옆에서 듣고 있던 시민 D씨는 "고양이가 그렇게 좋으면 대려가서 키우면 될 거 아닙니까? 그럼 길고양이도 좋고 엄마나 좋아요. 끝까지 책임지지도 않을 거면서 주는 댓에요?"라며 캣맘들의 무책임함에 대해 목소리를 높였습니다.

▲ 사람들이 가져다 놓은 먹이를 먹고 있는 길고양이들

일부 과격한 주민들은 길고양이를 학대하거나 캣맘들이 놓아 둔 먹이통을 훼손하기도 합니다. 하지만 캣맘들은 길고양이는 사람과 공존해야 한다고 생각합니다.

5년째 캣맘으로 활동하고 있는 한 시민은 "길고양이도 하나의 생명입니다. 소소로 먹이를 구하기 힘든 도심에서 그들이 삶 수 있도록 사람이 돌봐야 한다고 생각합니다."라고 말했습니다. 그와 함께 캣맘으로 활동 중인 또다른 시민에 따르면 "우리가 물과 사료를 챙겨 준다고 해서 길고양이가 늘어나는 건 아닙니다. 지방자치단체에서 실시하는 길고양이 중성화 사업에도 적극적으로 협조하고 있기 때문에 개체 수를 줄이는 데도 기여했다고 생각합니다. 길여 개체 수 줄이기에 기여했다는 의견을 제시했습니다.

실제로 지방자치단체에서는 길고양이 중성화와 연계하여 길고양이 중성화 사업을 시행해 길고양이 개체 수 증가를 막기 위한 노력을 하고 있습니다. 하지만 주민들과 캣맘 사이의 갈등은 쉽 좀처럼 좁혀지지 않고 있습니다.

▲ 사람들이 가져다 놓은 먹이를 먹고 있는 길고양이들

길고양이 중성화(TNR) 사업

• 길고양이 중성화 사업은 길고양이의 개체 수를 조절하기 위한 사업이다.
• 길고양이를 포획하여 중성화 수술을 한 후 살던 곳으로 다시 놓아준다.
• 중성화 수술을 한 고양이는 오른쪽 귀 끝을 1cm 정도 제거하여 표시한다.

2 주차

활동 1 인터넷 뉴스를 통해 알게 된 길고양이에 대한 캣맘들의 생각을 정리해 써 보세요.

캣맘들의 생각
예 길고양이도 소중한 생명이므로 돌보며 개체 수가 늘어나지 않도록 지방자치단체에서 하는 사업에 협조해야 한다.

> 해설 캣맘들이 길고양이를 돌보는 까닭이 무엇인지 정리해 봅니다.

활동 2 캣맘 논란에 대한 나의 의견을 댓글로 써 보세요.

댓글

- 공감 5 ∨ ● 댓글 3 ＜

 └ 우리 길고양이가 밤마다 울어서 시끄럽다고 느꼈어요.

 └ 연주 길고양이들은 사람을 보면 피해서 눈에 잘 띄지 않던데 너무 예민한 거 같아요.

 └ 성현 캣맘들이 놓아준 사료와 물을 먹는 길고양이를 보면서 안쓰럽다는 생각이 들었어요.

 ● 댓글

예 길고양이가 소음이나 지저분한 환경을 만들어서 싫어하는 사람도 있지만, 길고양이에게 쉴 장소와 사료를 제공해 주고 잘 관리하면 사람과 잘 살아갈 수 있다고 생각해요.

1000자 이내 등록

댓글 달기

> 해설 댓글을 쓸 때에는 주제에 맞는 이야기를 예의 바른 언어로 씁니다.

▲ 인터넷 뉴스의 내용으로 알맞은 것에 ○표를 하세요.

캣맘에게 곱지 않은 시선을 보내는 사람들도 있다.	○
사람들 대부분은 캣맘의 활동을 반기고 있다.	
지역 주민과 캣맘이 연계하여 중성화 사업을 시행 중이다.	

> 해설 캣맘에게 곱지 않은 시선을 보내는 사람들도 있고, 이웃 간의 갈등으로까지 번지고 있습니다.

▲ 캣맘의 행동에 반대하는 사람들의 생각이 아닌 것의 기호를 쓰세요. 답 ㉰

㉮ 밤에 소음이 심하다.
㉯ 길고양이 때문에 거리가 지저분해진다.
㉰ 캣맘이 남을 주면 길고양이가 사라질 것이다.

> 해설 캣맘의 행동에 반대하는 사람들은 캣맘이 사료를 챙겨 주면 주변 길고양이가 늘어날 것이라고 생각합니다.

▲ 길고양이 개체 수 증가를 막기 위해 시행되고 있는 것에 ○표를 하세요.

길고양이 중성화 사업 ○   길고양이 가정 입양 캠페인   캣맘 활동 금지법

> 해설 각 지방자치 단체에서는 길고양이의 힘들과 연계하여 길고양이 중성화 사업을 시행하고 있습니다.

2 온라인 대화를 읽고 안내문 만들기

5회 사회

선거를 해요

이번 주는 전교 학생회 임원 선거 홍보 기간이에요. 디앤이는 선거관리위원들과 전교 학생회 임원 선거를 위해 온라인 대화방에서 회의를 하기로 했어요. 대화 내용을 읽고 선거 시 지켜야 할 점을 안내하는 안내문을 만들어 보세요.

< 선거관리위원들방 3

부위원장 백민지
안녕하세요?
이번에 선거관리위원회 위원장을
맡게 된 김다연입니다.   오후 8:00

부위원장 백민지
안녕하세요? 부위원장
백민지입니다.   오후 8:12

위원 이준서
안녕하세요? 위원 이준서입니다.   오후 8:13

위원 이준서
네, 그 소식 들었어요. 2번 정두리
후보가 선거 중에 1번 윤지수 후
보를 헐뜯는 말을 한 사람 아요?   오후 8:16

부위원장 백민지
네, 맞습니다. 이 사람은
명백한 선거운동을 위반 사
항이라고 생각합니다.   오후 8:17

위원 이준서
네, 저도 그렇게 생각합니다.   오후 8:18

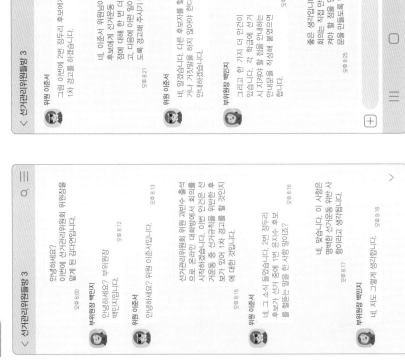

< 선거관리위원들방 3

위원 이준서
그럼 이번에 2번 정두리 후보에게
1차 경고를 하겠습니다.   오후 8:20

위원 이준서
네, 이준서 위원님이 2번 정두리
후보에게 선거운동 시 지켜야 할
점에 대해 한 번 더 안내해 주시
고, 다음에 이런 일이 발생하지 않
도록 경고해 주시기 바랍니다.   오후 8:21

부위원장 백민지
그리고 한 가지 더 인권이
있습니다. 각 학급에 선거
시 지켜야 할 점을 안내하는
안내문을 작성해 붙이면
합니다.   오후 8:22

위원 이준서
알겠습니다. 다른 후보자를 헐뜯
거나 거짓말을 하지 않아야 한다고
안내하겠습니다.   오후 8:24

부위원장 백민지
좋은 생각입니다. 그럼 다음
회의는 직접 만나 선거 시 지
켜야 할 점을 안내하는 안내
문을 만들도록 합시다.   오후 8:25

확인 이 내용이 담긴 디지털 매체는 온라인 [대] [화] [방] 이다.

주차 2

온라인 대화방의 내용으로 알맞은 것에 ○표를 하세요.

전교 학생회 임원 선거를 위해 (선거관리위원들 · 학생회 임원 후보자들)이
나는 온라인 대화이다.

해설 전교 학생회 임원 선거를 위해 선거관리위원들이 나는 온라인 대화입니다.

▲

온라인 대화에서 학생회 임원 후보자가 위반한 사항을 골라 ○표를 하세요.

선거권자에게 선물을 준 경우
다른 후보자를 헐뜯는 말을 한 경우	○
규정에서 정한 이외의 방법으로 선거운동을 한 경우

해설 학생회 임원 후보자 2번이 다른 후보자를 헐뜯는 말을 했다고 하였습니다.

▲

활동 온라인 대화 내용을 바탕으로 선거 시 지켜야 할 점을 안내하는 안내문을 써 보세요.

선거운동을 할 때 지켜 주세요!

가. 선거권자에게 음식물 또는 선물
등을 주거나 주기로 약속을 하지
않아요.

나. 예 다른 후보자를 헐뜯는거나
거짓말을 하지 않아요.

다. 규정에서 정한 이외의 방법으로
선거운동을 하지 않아요.

해설 선거 운동을 할 때에 지켜야 할 점을 정리해 보아요.

투표할 때 지켜 주세요!

가. 투표는 선거권자 1인 1표의 무기
명 비밀투표로 해요.

나. 투표는 보통, 평등, 직접, 비밀의
원칙을 지켜요.

다. 예 정해진 장소에서 투표를 실
시하고, 선거인명부에 반드
시 학생 본인이 서명해요.

투표 시 주의할 점

· 투표는 선거권자 1인 1표의 무기명 비밀투표로 한다.
· 투표는 정해진 투표 장소에서 실시하며, 보통, 평등, 직접, 비밀의 원칙을 지
킨다.
· 투표 장소에서 선거인명부에 반드시 학생 본인이 서명한다.

확인 문제 »

5 인터넷 게시판에 댓글을 달 때 주의를 점을 알맞게 말하지 않은 친구의 이름을 쓰세요.

- 현성: 상대방을 모욕하는 글을 쓰지 않아야 해.
- 민주: 함부로 말하거나 비웃은 말은 하지 않아야 해.
- 지안: 늦은 시간에는 온라인 대화를 보내지 않았다.
- 수진: 글의 내용과 상관없는 내용이라도 자유롭게 쓸 수 있어.

(수진)

> 해설 인터넷 게시판에 댓글을 달 때는 글의 내용과 상관없는 내용은 쓰지 않습니다.

6 다음 매체에서 전하고 있는 정보는 무엇인가요? (⑤)

생명을 지켜 주는 비율

> 해설 인터넷 뉴스에서는 생명을 지켜 주는 비율에 대한 정보를 전하고 있습니다.

① 장수의 비결
② 운동이 필요한 까닭
③ 비율을 계산하는 방법
④ 환경오염의 원인 물질
⑤ 생명을 지켜 주는 비율

7 다음과 같은 매체의 진행을 위해 필요한 것에 ○표를 하세요.

> 해설 텔레비전 뉴스의 진행을 위해 필요한 것은 뉴스 방송 매체입니다.

뉴스 방송 매체

인터넷 게시판

온라인 대화방

확인 문제 »

1 온라인 대화방에서 대화 예절을 잘 지키지 않은 친구는 누구인가요? (④)

① 보인: 친구들을 배려하며 말했다.
② 승재: 주제와 관련 있는 내용을 말했다.
③ 지안: 늦은 시간에 온라인 대화를 보내지 않았다.
④ 재인: 재미있게 대부분의 대화를 이모티콘으로 했다.
⑤ 서준: 다른 사람의 개인 정보를 함부로 보내지 않았다.

> 해설 대부분의 대화를 이모티콘으로 하는 것은 온라인 대화 예절에 어긋납니다.

2 다음 매체를 통해 알 수 있는 정보가 아닌 것은 무엇인가요? (⑤)

① 축제가 열리는 때
② 축제가 열리는 장소
③ 축제에서 하는 행사 내용
④ 축제를 잘 나타낼 수 있는 제목
⑤ 축제에 오는 사람들의 인원 수

> 해설 광고를 통해 축제에 오는 사람들이 인원 수는 알 수 없습니다.

3 다음과 같은 형식의 매체를 무엇이라고 하는지 쓰세요.

이종섭의 삶과 그림들

(블로그)

> 해설 이와 같은 형식의 매체를 블로그라고 합니다.

4 다음 설명에 알맞은 매체에 ○표를 하세요.

그림과 인물이 대사로 내용을 효과적으로 전달할 수 있는 매체는 (웹툰 , 텔레비전 뉴스)이다.

> 해설 웹툰은 장면을 표현한 그림과 인물의 대사로 내용을 전달합니다.

디지털 매체 학습으로 문해력 키우기

'디지털독해가 문해력이다'

디지털독해력은 다양한 디지털 매체 속 정보를 읽어내는 힘입니다.

아이들이 접하는 디지털 매체는 매일 수많은 정보를 만들어 내기 때문에 디지털 매체의 정보를 판단하는 문해력은 현대 사회에 필수 능력입니다.

〈디지털독해가 문해력이다〉로 교과서 내용을 중심으로 디지털 매체 속 정보를 읽어들고 다양한 과제를 해결해 보세요.

3

주차

정답과 해설

1 주차

1회
1 이 책 읽어 봤니?
2 청소년의 목소리 내기

2회
1 사랑해, 우리말
2 제노비스 신드롬을 아시나요?

3회
1 영국으로 가자!
2 달이 녹슬고 있다고?

4회
1 생텍쥐페리의 마지막 비행
2 날씨가 추워졌어요

5회
1 SNS에서도 예절을 지켜요
2 책 광고를 보아요

2 주차

1회
1 우리 반 패션 발표회
2 무주 반딧불 축제

2회
1 폐의약품 이렇게 처리해요
2 화가 이중섭

3회
1 피토그램의 문제점
2 단오

4회
1 생명을 지켜 주는 비율
2 코로나19와 거리 두기

5회
1 길고양이 캣맘 논란
2 선거를 해요

4 주차

1회
1 친구 사랑 실천하기
2 세계 음식, 베트남 쌀국수

2회
1 점점 심해지는 아동학대
2 배가 바다에 뜨는 원리

3회
1 자유의 여신상
2 청소기 사세요

4회
1 플라스틱의 역습
2 게임 개발자가 궁금해요

5회
1 치료에 사용하는 빛
2 딱복이 만들기

3 주차

1회
1 마음을 전해요
2 미스터리 서클

2회
1 고유의 난방 방식, 온돌
2 고양이를 키워요

3회
1 공중 시계, 양부일구
2 생활 속 표준 이야기

4회
1 삶의 가치를 찾아서
2 세계의 궁

5회
1 환상의 싱크홀
2 광고 스토리보드 만들기

1회
생활

1 인터넷 게시판을 읽고 전자 우편 쓰기

마음을 전해요

아이돌이 꿈인 윤성이는 자신의 롤 모델이었던 가수가 3년 만에 다시 음반을 내보낸다는 소식에 너무 기뻐 가수의 소속사 누리집 게시판에 마음을 전하는 글을 썼어요. 인터넷 게시판의 글을 읽고 나의 롤 모델에게 마음을 담아 짧은 전자 우편을 써 보세요.

자유 게시판

J형, 다시 돌아와 너무 기뻐요

작성자: 김윤성 | 등록일: 20○○. 12. 21 | 조회수: 45

J형, 안녕하세요?

제가 초등학교 2학년 때 오디션 본다고 찾아갔을 때 형이 길도 안내해 주고, 맛있는 것도 사 주셨던 것도 기억나요. 오디션에서 떨어졌을 때 형이 많이 위로해 주셔서 고마웠어요. 형도 오디션 여러 번 떨어지고 고기 때 합격하여 5년 가깝게 연습생 생활을 해서 이 자리에 왔다고 하면서, 꿈을 잃지 않고 노력하면 언젠가는 원하는 것을 이룰 수 있다고 응원해 주신 것이 저 못했하게 기억나요. 그래서 저도 지금도 가수가 되기 위해 열심히 노력하고 있어요. 형처럼 자도 노래를 잘하는 춤판만 아니라 작곡도 할 수 있는 가수가 되는 게 목표랍니다.

형이 군대를 제대하고 다시 음반을 낸다는 소식을 듣고 너무 기뻤어요. 형이 춤과 노래가 그리웠거든요. 군대 입대하기 전에 어느 잡지사와의 인터뷰에서 제대하면 바로 활동하겠다고 말씀하신 것도 기억나요. 4년 동안 자도 노래를 부르고 형의 춤을 따라 하면서 항상 가수가 된 저의 미래를 꿈꾸었어요. 제 꿈에 큰 꿈을 응원해 주는 가족과 형의 음악이 있어서 지치지 않고 꿈을 향해 달릴 수 있었어요. 제대와 새 음반 소식을 접하고 얼른 음반 발매일을 손꼽아 기다리고 있을게요.

💬 댓글 3

활동 이 내용이 담긴 디지털 매체는 인터넷 **게 시 판** 이다.

▲ 인터넷 게시판의 내용으로 알맞은 것에 ○표를 하세요.

- 좋아하는 가수에게 보낸 응원의 글이다.
- 좋아하는 가수의 음반 발매 소식을 알리는 글이다.

해설 윤성이가 자신의 롤 모델인 가수를 위해 쓴 응원의 글입니다.

▲ 이 글에 담긴 글쓴이의 마음으로 알맞지 않은 것에 ○표를 하세요.

| 미안한 마음 | 축하하는 마음 | 고마운 마음 |

해설 인터넷 게시판의 글에는 고마운 마음과 음반 소식을 축하하는 마음이 담겨 있습니다.

활동 내가 평소에 롤 모델이라고 생각하는 인물을 떠올려, 그 인물에게 하고 싶은 말을 짧은 전자 우편으로 써 보세요.

제목 예) 정○○ 감독님께

안녕하세요? 저는 현재 어린이 야구단에 소속되어 있는 ○○○입니다. 부모님이 야구를 좋아하셔서 3살 때부터 야구장에 경기를 보러 자주 갔습니다. 그때 감독님은 야구 대표팀이라고 불리는 유명한 감독님의 저의 롤 모델이었습니다. 그래서 언제 가 야구를 시작한 2년전 때부터 감독님을 저의 롤 모델로 삼았습니다. 저도 감독님처럼 훌륭한 프로 야구 선수, 더 나아가 대한민국 최고의 야구 감독이 되기 위해 노력하고 있습니다. 감독님, 내일도 야구장 가서 열심히 응원하겠습니다.

보내기 ▶ A 📎 ☺ 🖼

해설 롤 모델이란 본받을 만하거나 모범이 되는 사람입니다.

전자 우편의 특징

- 인터넷이 연결되어 있기만 하면 언제 어디서라도 의사소통이 가능하다.
- 전통적인 편지에 비해 전달이 매우 빠를 뿐만 아니라 같은 내용을 동시에 여러 명에게 보낼 수 있다.
- 자료를 첨부하거나 인터넷 주소를 링크하여 보낼 수 있다.

1회 역사

2 블로그를 읽고 뉴스 방송 대본 쓰기

미스터리 서클

민주는 장래 희망이 기자예요. 그래서 궁금한 내용이 있으면 조사하여 블로그에 꾸준히 글을 쓰고 있답니다. 이번에는 미스터리 서클에 대한 내용을 조사했어요. 이 번 내용인지 읽고 민주가 되어 뉴스 방송 대본을 써 보세요.

미스터리 서클을 아시나요?

하민주 2000.10.10. 17:38

미스터리란, '도저히 설명하거나 이해할 수 없는 이상야릇한 일이나 사건.'을 뜻하는 말이고, 서클은 '원형'을 뜻하는 말이에요.

미스터리 서클이란, '곡물 서클'이라고도 하는데, 곡물이 일정한 방향으로 누워서 어떤 모양을 만든 것을 말해요.

확인 이 내용이 담긴 디지털 매체는 □□□ 이다.

외계인의 흔적일까요?

1980년 8월 15일, 영국의 한 신문에 다음과 같은 내용의 기사가 실렸어요.

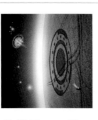

NEWS HOT뉴스 | 정치 | 스포츠 | TV연예 | 날씨

어느 한 농촌에서 밤새 밭 한가운데에 식물들이 일정한 방향으로 눕혀져 개의 원 모양이 만들어졌다. 원 모양의 지름은 20m나 되었다. 인근에 사는 주민들은 다음과 같이 주장하였다.
"그날 UFO를 봤는데, 그게 저랬는 거 같아요."
그러나 정확히 누가 왜 어떻게 만들어졌는지 아직까지 밝혀지지 않고 있다.

거대한 땅 위에 만들어진 이런 기이한 모습들을 그 뒤로 미스터리 서클이라고 불렀어요. 사람들은 일부러 모양을 만들었다고 주장하기도 하고, 직접 실현해 보기도 했대요. 그런데 정말 미스터리한 것은 사람들이 일부러 만든 원 모양에서는 식물의 줄기 부분이 더 이상 자라지 않았지만, 미스터리 서클에서는 식물의 줄기 부분이 계속 수확을 하였다는 것이지요.

이런 기사가 발표된 이후에 미국, 호주 등 세계 곳곳에서 비슷한 일들이 발표되었어요. 그리고 강이나 호수에서도 아이스 서클이 발견되었는데, 스스로 회전까지 한다고 하여 기이하게 여겨졌어요.

지금까지 미스터리 서클이나 아이스 서클은 원인이 밝혀지지 않아서 불가사의한 현상으로 여겨지고 있어요.

#미스터리서클 #서클 #의계인 #자연현상
#곡물서클 #아이스서클

아이스 서클이란

• 강이나 호수에 얼음으로 만들어진 원 모양을 말한다.
• 물에서 스스로 회전까지 한다.
• 생긴 원인은 정확하게 밝혀지지 않았다.

▲ 민주는 블로그에 무엇에 대한 내용을 조사해 글로 썼는지 ○표를 하세요.

미스터리 클럽 | 미스터리 서클 | 곡물의 성장 과정

해설 민주는 미스터리 서클에 대해 조사한 내용을 블로그에 썼습니다.

▲ 민주가 블로그에 글을 쓰기 위해 찾은 자료로 알맞은 것에 모두 ○표를 하세요.

미스터리 서클이 찍힌 사진 ○

미스터리 서클을 직접 본 사람들을 면담한 내용

미스터리 서클에 대해 소개한 내용 ○

해설 민주가 블로그에 올린 사진과 소개한 내용을 통해 미스터리 서클에 대해 소개한 내용과 미스터리 서클이 찍힌 사진을 찾아보았다는 것을 짐작할 수 있습니다.

▲ 미스터리 서클의 특징으로 알맞지 않은 것의 기호를 쓰세요. 답 ㉯

㉮ 곡물이 일정한 방향으로 누워서 어떤 모양을 만든 것이다.
㉯ 농부들이 친구들에게 즐거움을 주기 위해 직접 밤에 만든 것이다.
㉰ 원인이 밝혀지지 않아서 불가사의한 현상으로 여겨진다.

해설 미스터리 서클은 누가 왜 어떻게 만들어졌는지 밝혀지지 않은 불가사의한 현상입니다.

활동1 블로그를 다시 읽고 미스터리 서클에 대해 정리해 보세요.

다른 이름: 크롭 서클

뜻: 곡물이 일정한 방향으로 누워서 어떤 모양을 만든 것

특징: 예 • 일정한 방향으로 식물이 누워 어떤 모양을 만든다.
• 식물이 꺾인 줄기 부분은 계속 자라서 수확을 할 수 있다.
• 세계 곳곳에서 발견된다.

해설 블로그 내용을 각 항목에 따라 정리합니다.

활동2 다음 일어난 일과 블로그 내용을 바탕으로 하여 미스터리 서클에 대해 소개하는 뉴스 방송 대본을 완성해 보세요.

일어난 일: 경기도 연천 한 농촌의 밤 한가운데에서 우리나라 최초로 미스터리 서클이 발견되었다.

아나운서: 안녕하십니까? EDT뉴스입니다. 오늘 보도 드릴 내용은 세계의 불가사의한 일 중 하나인 미스터리 서클이 경기도 연천에서 발견되었습니다. 현장에 나가 있는 박민용 기자를 연결하겠습니다. 박민용 기자, 경기도 연천에서 미스터리 서클이 발견됐다고요.

기자: 네, 여기는 경기도 연천 한 농촌의 밤 한가운데입니다. 제 뒤로 보시는 바와 같이 미스터리 서클이 발견되었습니다. 미스터리 서클이란

예 곡물이 일정한 방향으로 누워서 어떤 모양을 만든 것을 말하는데요, '크롭 서클'이라고도 합니다. 이 미스터리 서클은 한 모양으로 만들어졌으며, 일정한 방향으로 식물이 누워 있는 것이 특징입니다. 정말 미스터리한 일은 식물의 꺾인 줄기 부분이 계속 자라서 수확이 가능하다는 것인데요, 과연 이번에 발견된 이곳의 식물도 그러한지는 계속 지켜봐야 할 것 같습니다.

지금까지 EDT뉴스 박민용입니다.

해설 앞서 정리한 미스터리 서클의 특징을 기자가 소개하는 형식에 맞게 씁니다.

3주차

▲ 인터넷 백과사전에서 다루는 내용이 아닌 것에 ○표를 하세요.

| 온돌의 구조 | 온돌에 담긴 과학 | 온돌의 역사 |

[해설] 인터넷 백과사전에서는 온돌의 의미, 온돌의 구조와 원리, 온돌에 담긴 과학이 지례를 다루고 있습니다.

▲ 인터넷 백과사전 내용을 참고해 온돌이 각 구조와 역할을 선으로 이어 보세요.

아궁이		장작을 연료로 하여 불을 지피는 곳
부넘기		구들장 밑에 연기를 잡아두었다가 나가게 만든 길
고래		불과 연기가 고래로 골고루 넘어가게 하는 언덕

[해설] 온돌은 아궁이에 불을 때면 불과 연기가 부넘기를 타고 골고루 넘어가 온돌의 고래 사이를 지나면서 구들장을 뜨겁게 하는 난방 방식입니다.

[활동] 인터넷 백과사전을 읽고 온돌에 담긴 과학적 원리를 알려 주는 지식 카드를 만들어 보세요.

| 온돌 속 과학 | 온돌 속 과학 |

아랫목과 윗목의 온도 차이로 공기의 대류 현상이 일어나 실내 공기를 순환시킨다.

[예] 온돌이 고래는 열기를 오래 잡아두어 오랫동안 방을 따뜻하게 한다.

[해설] 인터넷 백과사전의 온돌의 구조와 온돌에 담긴 과학성을 참고해 온돌에 담긴 과학적 원리를 골라 정리

열의 복사, 전도, 대류를 이용한 온돌의 원리

- 열의 복사: 아궁이에 불을 피웠을 때 발생하는 복사 열이 구들장을 데워 준다.
- 열의 전도: 따뜻해진 구들장의 열이 방바닥으로 옮겨 가는 전도 현상이 일어난다.
- 열의 대류: 아랫목과 윗목의 온도 차이로 따뜻한 공기가 순환하는 대류 현상이 일어난다.

2회 문학

인터넷 백과사전을 읽고 지식 카드 만들기

고유의 난방 방식, 온돌

민진이네 가족은 한옥 마을 체험을 했습니다. 아궁이는 온돌방에서 자고 일어났더니 몸이 개운하다고 하셨어요. 온돌이 어떤 비밀이 있는지 알아보고, 온돌의 과학적 원리를 알려 주는 지식 카드를 만들어 보세요.

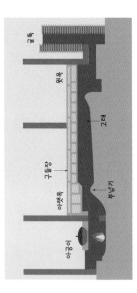

온돌

과학적 난방 방식, 온돌

[요약] 추운 겨울을 나기 위해 아궁이에 불을 지퍼 구들장이라고 불리는 돌을 데워서 방 전체를 따뜻하게 하는 바닥 난방 장치.

온돌의 구조와 원리

온돌은 크게 아궁이, 부넘기, 고래, 구들장, 굴뚝으로 이루어져 있다. 아궁이에서 불을 때면 불과 연기가 부넘기를 타고 고루 넘어가 구들장 밑의 고래 사이를 지나면서 구들장을 뜨겁게 데운다. 연기는 굴뚝을 통해 빠져나간다.

온돌에 담긴 과학성

온돌은 비교적 적은 연료를 사용해 방 안 전체를 따뜻하게 한다. 고래가 열기를 오래 잡아두고, 아궁이에 숯을 잡아 음식도 조리하기 때문에 열효율이 높은 친환경 난방 방식이다.

아궁이와 가까운 윗목은 더 따뜻하고 아궁이와 먼 아랫목은 덜 따뜻해서 실내 공기를 쾌적하게 유지해 준다. 또 불을 지필 때 생긴 연기는 굴뚝을 통해 빠져나가서 실내 공기를 쾌적하게 유지해 준다.

[확인] 이 내용이 담긴 디지털 매체는 인터넷 백 과 사 전 이다.

2회 과학

고양이를 키워요

사람들의 사랑을 받는 반려동물 고양이. 하지만 고양이를 키우는 일은 생각처럼 쉽지 않아요. 인터넷 백과사전에서 고양이 키우기에 대해 읽어보고, 인터넷 게시판에 답글을 써 보세요.

우리 가족 고양이 맞이하기

고양이들이 모두 슬퍼 보여요.

그러고 그리고 뭐가 더 필요해?

고양이가 행복해 하지 수 있게 우리가 가족이 되어서 돌봐주자.

고양이 꼬리를 보면 기분을 알 수 있어요.

반가움 · 신근함 · 편안 · 분노·위협 · 공포 · 짜증남 · 흥미로움 · 항복

확인 이 내용이 담긴 디지털 매체는 [웹] [툰] 과 인터넷 백과사전이다.

독독백과사전
사전 소개 | 연표

고양이 키우는 방법

고양이를 키우기 위해 필요한 준비물

고양이 맞이하기

고양이는 낯선 환경에서 스트레스를 받기 때문에 보이지 않는 곳으로 숨어 버립니다. 따라서 고양이가 위험한 곳에 숨지 않도록 숨숨집 같이 편하게 숨을 수 있는 곳을 만들어 주는 것이 좋습니다. 또 고양이는 매우 조심스러운 동물이기 때문에 사람에게 처음 또는 새로운 마음을 쉽게 열지 않습니다. 고양이가 마음을 열고 스스로 다가올 때까지 기다려 주어야 합니다.

고양이의 본능

- 긁기: 고양이는 발톱을 갈고 자신의 냄새로 넓적한 영역을 표시하기 위해 긁기를 했던 습성이 남아 있어서 집의 소파나 가구, 벽 등을 긁어 낼 수 있습니다. 그럴 때는 발톱을 깎아 주고, 스크래처를 마련해 긁을 곳을 마련해 주어야 합니다.
- 그루밍: 고양이는 스스로 몸을 핥고 문지르는 습성이 있는데, 이것을 '그루밍'이라고 합니다. 고양이는 깨끗한 것을 좋아하는 동물이기 때문에 늘 몸을 깨끗하게 하고 문단장을 하는 것입니다. 따라서 고양이 몸에 고양이 가 먹으면 위험한 물질이 묻지 않도록 주의해야 합니다.
- 꾹꾹이: 새끼 고양이들이 젖을 먹을 때 찾이 잘 나오도록 꾹꾹 반복해서 누르는 행동입니다. 다 자란 뒤에도 이 습성이 남아 보호자에게 꾹꾹이를 하기도 합니다.

고양이가 주의해야 할 음식

- 달걀: 달걀 흰자에 있는 성분은 소화 흡수를 방해하므로 달걀을 줄 때는 노른자만 주어야 합니다.
- 단백질 포함된 음식: 사람, 아이스크림과 같이 단백이 포함된 음식은 고양이에게 위험합니다.
- 카페인: 커피, 녹차 등 카페인이 들어간 물질은 고양이에게 위험합니다.
- 우유: 설사를 할 수 있으므로 고양이용 우유를 먹여야 합니다.
- 고기의 뼈, 부산물: 뼛조각에 걸릴 위험이 있습니다.
- 기타: 사람이 먹는 양념된 음식은 일기 때문에 질병을 일으킬 수 있습니다.

고양이와 놀아 주기

고양이가 산책으로 스트레스를 푼다면 고양이는 놀이 활동을 통해 스트레스를 푼다. 고양이 장난감으로 사냥놀이를 할 수 있도록 해 주면 늘이를 통해 스트레스를 풀고 건강한 고양이가 될 수 있다.

정답과 해설 38쪽

활동 1 인터넷 백과사전을 읽고 고양이의 본능을 정리해 보세요.

긁기

예) 발톱을 갈고 자신의 냄새로 영역을 표시하기 위해 긁기를 했던 습성이 남아 있어서 하는 행동이다.

그루밍

예) 스스로 몸을 핥고 물거나 하는 습성을 말한다. 고양이는 깨끗한 것을 좋아하는 동물이기 때문에 늘 털을 깨끗하게 하고 몸단장을 한다.

꾹꾹이

예) 새끼 고양이들이 젖을 먹을 때 젖이 잘 나오도록 꾹꾹 반복해서 누르는 행동이다.

해설 고양이의 '긁기', '그루밍', '꾹꾹이'는 고양이의 본능에서 하는 행동입니다.

활동 2 정리한 것을 바탕으로 인터넷 게시판에 올려진 질문에 알맞게 답글을 써 보세요.

독독Pin

Q 우리 집 고양이가 소파를 자꾸 긁어요. 왜 그러는 걸까요?

A 예) 발톱을 갈고 자신의 냄새로 영역을 표시하기 위해 긁기를 했던 습성이 남아 있어서 하는 행동입니다. 발톱을 깎아 주고, 긁기를 할 수 있도록 스크래처를 준비해 주세요.

물어보기 ...

해설 인터넷 백과사전에 정리된 내용 가운데 고양이의 본능 부분을 참고해 질문에 대한 답글을 씁니다.

▲ 고양이의 꼬리 모양을 보고 고양이의 기분에 알맞게 선으로 이어 보세요.

편안해요.

화가 많이 나 있어요.

해설 고양이의 꼬리 모양을 보면 고양이의 기분을 알 수 있습니다.

▲ 인터넷 백과사전의 내용으로 알맞지 않은 것에 ○표를 하세요.

○ 고양이를 키우기 위해서는 사료와 물만 준비하면 된다.

고양이 장난감으로 사냥놀이를 할 수 있도록 해 주면 스트레스를 풀 수 있다.

강아지가 산책으로 스트레스를 푼다면 고양이는 놀이 활동을 통해 스트레스를 푼다.

고양이는 낯선 환경에서 스트레스를 받기 때문에 보이지 않는 곳으로 숨어 버린다.

해설 고양이가 편안하게 지낼 집, 사료, 사료와 물 그릇, 스트레스 해소용 장난감, 스크래처 등 여러 가지 준비물이 필요합니다.

▲ 고양이에게 먹어도 되는 음식에 ○표를 하세요.

사료 | 고기의 뼈 | 날생선 | 고양이용 우유

해설 사람이 먹는 우유는 주의해야 하지만, 고양이용 우유는 먹어도 됩니다.

3회 문화

1 인터넷 백과사전을 읽고 광고 만들기

공중 시계, 앙부일구

서연이는 국립고궁박물관에서 본 앙부일구에 대해 더 알아보기 위해 인터넷 백과사전을 찾아보았어요. 인터넷 백과사전에 찾은 우리나라 최초의 공중 시계 앙부일구에 대한 글을 읽고 앙부일구를 알리는 광고 문구를 써 보세요.

똑똑백과사전

우리나라 최초의 공중 시계, 앙부일구

1434년(세종 16년)에 처음 제작되어 한양의 중심이었던 종묘 앞에 설치되었던 해시계입니다. 하늘을 우러르는 마음이라는 뜻의 '앙부'와 오목한 모양의 해시계라는 뜻의 '일구'가 합쳐진 말입니다. 즉 하늘을 우러르는 가마솥 모양의 해시계가 앙부일구입니다. 앙부일구는 조선시대 시간을 알 수 없었던 백성들을 위해 세종이 과학자들에게 명령하여 만든 해시계 중 하나입니다.

■ 뜻

■ 구조와 쓰임

앙부일구는 영침의 그림자로 시간을 알 수 있습니다. 하루의 간격을 지금의 2시간 간격으로 표시하고 각 단위는 다시 1시간 간격으로 나눈 다음, 그 사이를 다시 15분 단위로 4등분하였습니다. 그래서 낮 동안 해가 이동하면서 영침의 그림자가 이동하면 영침이 가리키는 세로선의 눈금을 읽어 시간을 알 수 있습니다. 눈금을 정확히 읽는다면 현대 시계와의 오차는 3분 가량에 불과할 정도로 정확한 시계입니다.

앙부일구는 단순히 시계 역할만 한 것이 아닙니다. 겨울에서 여름으로 갈 때는 그림자 길이가 길어지고, 여름에서 겨울로 갈 때는 그림의 길이가 짧아집니다. 그래서 그림자가 위치한 가로선을 따라가면 절기도 알 수 있습니다. 즉, 달력의 역할도 한 것입니다.

앙부일구는 조선시대 시간을 알 수 없었던 백성들을 위해 많은 사람들이 잘 모이는 곳에 설치하여 쉽게 시간을 알 수 있게 하였습니다. 또 백성들 대부분이 농사를 짓던 시기에 절기를 아는 것은 중요했습니다. 그래서 계절마다 변하는 그림자의 길이를 이용해 절기도 알 수 있게 함으로써 백성들의 생활에 큰 도움이 되었습니다.

■ 의의

영침 / 절기선 / 시각선

확인 이 내용이 담긴 디지털 매체는 인터넷 [백] [과] [사] [전] 이다.

▲ 우리나라 최초의 공중 시계 이름에 ○표를 하세요.

[간의] [측우기] [앙부일구]

해설 조선시대 만든 우리나라 최초의 공중 시계는 앙부일구입니다.

▲ 인터넷 백과사전의 내용으로 알맞은 것에 ○표를 하세요.

앙부일구는 영침의 그림자로 시간을 알 수 있다. [○]

앙부일구는 양반들만 사용할 수 있는 시계이다. [ ]

앙부일구는 시간은 알 수 있지만, 절기는 알 수 없다. [ ]

해설 앙부일구는 백성들이 모두 이용할 수 있도록 사람들이 많이 모이는 곳에 설치하였습니다.

활동 시계 광고를 참고하여, 앙부일구를 알리는 광고에 알맞은 문구를 써 보세요.

시계 속에 나만의 프로그램이! 스마트 시계

예 시계와 달력이 하나로! 친환경 시계 앙부일구

영침의 그림자로 시간뿐 아니라 절기까지도 알 수 있어요.

해설 앙부일구의 특징을 잘 살릴 수 있는 문구를 생각해 봅니다.

해시계의 원리

• 지구의 자전에 의하여 물체의 그림자가 이동하는 것을 이용해 시간을 측정한다.

• 지구도 하루에 한 번씩 태양 주위를 자전하므로 물체의 그림자 위치도 달라져 시간을 알 수 있다.

3회
사회

2 온라인 대화와 인터넷 백과사전을 읽고 정보 정리하기

생활 속 표준 이야기

민재는 도서관에서 책을 읽다가 우연히 책의 크기가 조금씩 다른면서도 같다는 것을 알게 되었어요. 그래서 기술 관련 연구원으로 일하시는 삼촌께 온라인 대화방에서 여쭈어 보고, 인터넷 백과사전도 찾아보았어요.

< 멋진 삼촌   Q :

삼촌, 안녕하세요. 저 민재예요. 여쭐 게 있어서 연락드렸어요. 책에 쓰인 종이 크기의 기준을 누구나 맘 대로 정할 수 있는 건가요?
오후 7:30

멋진 삼촌
응응. 우리 궁금이가 또 궁금증이 시작되었네. 처음 종이 크기의 기준이란 게 정할 수는 없어. 책을 만들 때에 책을 쓰는 종이의 크기를 서로 정했는데 연구를 쓰는 사람이 만드는 사람이 서로 다르게 쓰면 어떻게 될까? 그래서 일정한 기준을 만들어 서로 그것을 약속처럼 지키는 거야. 사람들이 만든 것보다 성격을 알기 위한 기준을 '표준'이라고 한다.
오후 7:45

조금 어렵긴 하지만 현재 어떤 내용 민재는 알 것 같아요. 저의 눈금보다 큰 경우인 거죠? 평가 기준을 정해 놓는다는 것인.
오후 7:50

멋진 삼촌
그렇지. 역시 우리 민재는 하나를 알려 주면 열을 안다니까. 궁금한 게 있으면 또 연락하렴.
오후 7:52

삼촌, 알려 주셔서 감사합니다. 안녕히 계세요. 뿌뿌
오후 7:43

활동 이 내용이 담긴 디지털 매체는 온라인 대화방과 인터넷 백 과 사 전 이다.

오후 02:30   100% █

독록백과사전

우리 생활 속 표준

2차 세계대전 때 미국 폭격기 수리를 담당한 영국 전 비공의 기술이나 장비는 뛰어났다. 하지만 폭격기 수 리를 할 수가 없었다. 나사 모양이 모두 달랐기 때문이 었다.

1900년대 초 미국 볼티모어 시에서 일어난 대형 화재가 발 생하였다. 초기에 화재를 진압한 듯했으나 결국 물을 제대로 끼지 못하여 30시간 이상 물이 번지면서 수많은 건물들이 잿더미로 바뀌고, 막대한 인명 피해와 재 산 피해를 입게 되었다. 원인은 화재 초기 인근 지역에 서 많은 소방차들이 왔으나 소방차의 호스와 소화전 이 그 연결 부분이 맞지 않았기 때문이었다.

두 이야기는 표준의 중요성을 위해 예로 든 것이다. 이 처럼 표준은 우리 생활 속 작은 부분부터 큰 부분까지 영향을 미친다.

신발 크기는 우리나라에서는 230, 235처럼 5㎜씩 커 지는데, 나라마다 조금씩 다르게 표현한다.

자동차 운전자 자리를 보면 그 나라의 차량 통행 표준 을 알 수 있다. 우리나라, 캐나다, 미국 등에서는 차가 우른쪽으로 지나가며, 일본, 영국, 오스트레일리아 등 에서는 왼쪽으로 다닌다.

또 건물을 짓는 벽돌도 표준이 있는데, 이는 벽돌 크기 가 같아야 건물 높이의 규격을 맞출 수 있기 때문이다.

정답과 해설 40쪽

▲ 온라인 대화 내용으로 알맞은 것에 ○표를 하세요.

(표준, 표지)에 대해 설명해 주셨다.

해설 민재는 기술 관련 연구원인 삼촌께 궁금한 것을 여쭈어 보고, 삼촌은 그 답변으로 표준에 대해 설명해 주셨습니다.

▲ 인터넷 백과사전 내용으로 알맞은 것에 모두 ○표를 하세요.

□ 2차 세계대전 때 미국 폭격기를 맡은 영국 정비공이 수리를 할 수 없었던 까닭은 기 술이 부족했기 때문이다.

○ 1900년대 초 미국 볼티모어 시에서 일어난 화재의 피해가 컸던 것은 소방차의 호스와 소화전의 연결 부분이 맞지 않았기 때문이다.

○ 표준은 우리 생활 속 여러 곳에서 볼 수 있는데, 신발의 크기도 나라마다 조금씩 다르게 표현할 수 있다.

○ 2차 세계대전 때 미국 폭격기를 맡은 영국 정비공이 수리를 할 수 없었던 까닭은 미 국과 나라의 표준이 되어 있지 않아서 나사의 모양이 달랐기 때문이 아니다.

해설 인터넷 백과사전을 통해 얻게 되는 표준의 예를 정리해 써 보세요.

활동 인터넷 백과사전을 통해 얻게 된 표준의 예를 정리해 써 보세요.

신발 치수 표준

- 우리나라에서는 230, 235처럼 5㎜씩 커짐.
- 나라마다 조금씩 다름.

차량 통행 표준

예 · 우측통행: 대한민국, 캐나다, 미국 등
· 좌측통행: 일본, 영국, 오스트레일리아 등

표준의 역사

· 종류이 진시황은 화폐, 문자, 도량형(길이, 단위, 무게 등)을 표준화하여 생활에 도움을 주었다.
· 미국의 헨리 포드는 자동차 생산 공정을 표준화하여 대량 생산을 하게 되었다.

4회 생활

쉼의 가치를 찾아서

1 인터넷 게시판을 읽고 댓글 쓰기

민서는 읽고 싶었던 책 《쉼벗의 거미줄》을 읽고 인터넷 서점 게시판에 책의 줄거리와 느낌, 점을 독서 후기로 남겼어요. 인터넷 게시판에 민서가 올린 독서 후기를 읽고 자신의 생각이나 느낌을 댓글로 써 보세요.

독서 후기

《쉼벗의 거미줄》 거미 쉼벗이 알려 준 삶의 가치

작성자: 김민서 | 등록일: 2000 . 02 . 12 | 조회: 30

《쉼벗의 거미줄》은 학교에서 연극 공연을 한 작품입니다. 《쉼벗의 거미줄》 일부분만 무인 연극을 보고 나니 전체 이야기가 궁금해져서 책을 읽게 되었습니다.

쉼벗은 먼이 돼지입니다. 엄마가 태어날 때 새끼 중 가장 작고 약해서 아버지가 죽이려는 것을 펀이 막아서 키우게 된 것입니다. 그러나 펀이는 결국 쉼벗을 삼촌 집에 팔게 됩니다. 펀은 삼촌의 헛간에 찾아가 쉼벗을 자주 보는 것으로 행복해했습니다. 삼촌이 엄마를 헛간에 배양간으로 만들었고, 그 헛간에 쉼벗과 함께 살게 되는 거미 거미줄에 가게 됩니다. 거미 거미줄에 가게 됩니다. 쉼벗은 그곳에 쉼벗이 같이 있으면 쉼벗을 알음 놓아야 하는 시기여서 헛간에 들어 있는 얹추마 간직히 부탁하지 쉼벗은 주 샬롯과 함께 하게 됩니다. 그 되 쉼벗은 '겸손한'이란 글자를 새겨 주어, 쉼벗는 특별상을 받게 됩니다. 샬롯은 쉼벗에게 남아 죽음을 맞게 되고, 쉼벗은 샬롯이 태어날 때까지 쉼벗이 붙었습니다. 그리고 새끼들이 태어 날 거에 쉼벗이 봇았습니다. 친구를 배려해 주는 쉼벗 같은 멋진 친구가 있으면 좋겠다는 생각을 했지만, 한편으로는 쉼벗이 불쌍했습니다. 쉼벗으로 배려를 받지 못했습니다. 그리고 쉼벗의 희생을 보며 약한 거미지만 엄마인지 대단함을 깨달았습니다. 이 미음의 든지 않았습니다. 그리고 삼촌이 죽음으로 아주 작고 작아 하찮은 것이라도 무시해서는 안 된다는 것을 깨달았습니다.

댓글 (3)

공감순 ∨

┗ **민두홍이** 쉼벗 같은 친구가 있다면 정말 같은 우정을 쌓을 수 있을 것 같아요. · 공감

┗ **바다보이** 쉼벗이 죽어서 안타깝긴 했지만, 계속해서 죽음의 고배를 넘기며 소중한 친구를 얻은 쉼벗이 더 불쌍하다고 느꼈어요. 소중한 친구를 잃었을 때의 감정은 상상하기 힘들 거예요. · 공감

┗ **도서광장** 자기가 죽을 수 있다는 것을 알고도 쉼벗을 위해 함께 해 준 쉼벗의 마음이 너무 감동이었고 슬펐어요. · 공감

확인 이 내용이 담긴 디지털 매체는 인터넷 | 게 | 시 | 판 | 이다.

정답과 해설 41쪽

3 주차

▲ 댓글 중에서 민서의 글과 반대 되는 생각을 가진 것에 ○표를 하세요.

민두홍이 댓글 · 바다보이 댓글 · 도서광장의 댓글

설명 민서의 글에서는 쉼벗을 동물들에 대리고 간 엄마를 좋지 않게 생각했지만, 바다보이의 댓글에서는 죽음 고배를 많이 넘기고 소중한 친구를 얻은 쉼벗이 더 불쌍하다고 했습니다.

▲ 인터넷 게시판에 댓글을 쓸 때 주의할 점으로 알맞은 것에 ○표를 하세요.

- 게시판의 글과 생각이 같을 때에만 댓글을 써야 한다.
- 내 생각을 강조하기 위해 댓글로 같은 내용의 글을 여러 번 쓴다.
- 흥미 있는 내용이면 게시판의 내용과 관련 없는 댓글을 써도 된다.
- 은어, 비속어를 사용하지 않고 자신의 생각을 잘 표현하여 쓰는 것이 좋다. ○

설명 게시판에 글과 생각이 달라도 댓글은 쓸 수 있고, 같은 내용을 여러 번 쓰는 것은 예의에 어긋납니다. 그리고 내용과 관련 없는 것은 쓰지 않는 것이 좋습니다.

활동 인터넷 게시판의 독서 후기를 읽고 내 생각이나 느낌을 댓글로 써 보세요.

🗨 댓글

예 쉼벗은 때났지만 쉼벗이 남긴 새 생명들을 최선을 다해 보살피는 쉼벗을 보면서 쉼벗을 응원하게 되었습니다.

1000자 이내   등록

설명 독서 후기를 읽고 든 생각이나 느낌을 자유롭게 씁니다.

인터넷 게시판에 글을 쓸 때의 예절

- 게시판의 내용과 관련 있는 내용을 자유롭게 쓰되, 허위적인 내용은 쓰지 않아야 한다.
- 문법과 맞춤법에 맞는 표현을 사용한다.
- 개인 정보를 올리거나 받지 않아야 하고, 저작권을 침해하지 않아야 한다.

정답과 해설 42쪽

4회 역사

2 인터넷 뉴스를 읽고 카드 뉴스 만들기

세계의 궁

유네스코 세계 유산에는 다양한 건축물들이 있어요. 그 가운데 지금성, 베르사유 궁, 포탈라 궁도 있지요. 이 세 궁에는 어떤 역사가 전해지고 있을까요? 유네스코 세계 유산으로 등재된 세계의 궁에 대한 인터넷 뉴스를 읽고 카드 뉴스를 만들어 보세요.

NEWS | 과학 | 정치 | **문화** | TV연예 | 날씨

+ ✕

유네스코 세계 유산에 등재된 세계의 궁

김승주 기자

20○○-05-11 14:26:12 | 조회 36

유네스코 세계 유산은 인류가 보존 보호해야 할 문화 및 자연 유산을 세계 유산으로 지정하여 보호하고 있는 문화재이다. 유네스코 세계 유산으로 등재된 세계의 궁에는 지금성, 베르사유 궁, 포탈라 궁 등이 있다.

지금성은 중국의 성이다. 예로부터 중국에서는 전자가 있는 곳이 우주의 중심인 자미원에 있다고 생각해 하늘 아래 세상을 다스리는 전자의 공간이라는 뜻에서 '자를' 황제의 허락 없이는 아무도 접근할 수 없는 공간 이라는 뜻에서 '금'을 써서 지은 이름이라고 한다.

1406년 명나라 영락제가 베이징으로 천도하며 건설하였으며, 명·청 시대 두 왕조 24명의 황제가 이곳에서 궁궐로 통치했다. 중국 베이징 중심부에 위치한 궁궐로, 현존하는 궁궐로는 세계 최대 규모이다. 1987년에 유네스코 세계 유산으로 등재되었고 현재는 박물관으로 사용되고 있는데, 이곳에 가면 과거 황제들의 생활 모습과 옛 중국의 화려한 문화를 볼 수 있다.

베르사유 궁은 태양왕 루이 14세가 세울게 고쳐 지은 프랑스의 궁으로, 유사 이래 가장 화려한 궁이라는 평가를 받는 건물이다. 1624년 처음 지어진 이 궁은 50년이 넘는 공사 기간을 거쳐 지금의 모습을 갖게 되었다. 방은 약 수천 개에 달하는데, 이 가운데 가장 유명한 방이 거울의 방이다. 총길이 약 73m, 폭 약 10m의 거대한 이 방은 벽과 천장이 수백 개의 거울로 되어 있으며, 이 방에 있는 상들리에와 촛대, 화병 등은 당시 최고급 상품이라고 한다. 하지만 호화로운 베르사유 궁 때문에 백성들은 엄청난 세금에 지쳐 갔고, 계속되는 전쟁으로 점점 왕실 왕을 원망하게 되었다.

✅ 확인 이 내용이 담긴 디지털 매체는 인터넷 [뉴] [스] 이다.

베르사유 궁은 정치, 경제의 중심지였지만, 1789년 프랑스 혁명 이후에는 궁전으로서의 기능을 잃고 방치되다가 박물관으로 이용되었다. 1979년 유네스코 세계 유산으로 등재되었으며, 오늘날에는 역사 미술관으로 일반에게 공개되고 있다.

포탈라 궁은 중국 티베트 자치구의 라싸에 있는 달라이 라마의 궁전으로, '하얀 궁전'의 바깥쪽 이렛부분이 한가운데 솟아 있는 '붉은 궁전'을 감싸 안고 있는 형태로 되어 있다. 화려하게 장식한 종이의 큰 둘은 신과 성인들, 선성 라마들에게 바치는 네 개의 예배당으로 구성되어 있는데, 이 둘의 북쪽에 있는 성인들의 예배당이 포탈라에서 가장 신성한 장소라고 한다.

이 궁전의 중심에 있는 붉은 궁전은 종교 의식을 하는 곳으로, 1690년에 13층으로 건설된 궁이다. 궁의 중심에 영탑전에는 8기에 이르는 역대 달라이라마의 영탑이 있으며, 북 전체에 칠은 붉은 색이 침해져 있는 것이 특징이다.

티베트 국왕 송찬 감포가 7세기에 새은 건물은 떨어라마의 거의 1대에서부터 찾아볼 수 없고, 현재 포탈라 궁에서 가장 오래된 부분은 대부분 5대 달라이라마 시대에 지어진 것이다. 이곳은 1994년 유네스코 세계 유산으로 등재되었다.

자금성, 베르사유 궁, 포탈라 궁과 같은 유네스코 세계 유산에 긋겨냥게 이름다운 풍경을 자랑하는 곳이 우리나라에도 있다. 바로 창덕궁인데, 우리나라 창덕궁 역시 1997년 유네스코 세계 유산에 등재되었다.

카드 뉴스의 특징

- 전달하고자 하는 정보를 간결한 글과 여러 장의 이미지로 구성하여 표현하는 카드 형식의 뉴스를 말한다.
- 첫 장은 전달하고자 하는 주체적인 내용을 제목과 이미지로 구성한다.
- 빠른 정보 전달이 장점이 있는 반면, 내용 전달 한계가 단점이 있다.

정답과 해설 43쪽

활동 인터넷 뉴스를 바탕으로 하여 유네스코 세계 유산에 등재된 세계의 궁에 대한 가드 뉴스를 완성해 보세요.

유네스코 세계 유산으로 등재된
세계의 궁

포탈라 궁

베르사유 궁

자금성

유네스코 세계 유산으로 등재된 세계의 궁 가운데 자금성, 베르사유 궁, 포탈라 궁에 대해 알아볼까요?

예 자금성은 중국 베이징 중심부에 위치한 궁궐로 현존하는 궁궐로는 세계 최대 규모입니다. 명·청 시대 두 왕조 24명의 황제가 자금성에서 중국을 통치했으며, 현재는 박물관으로 사용되고 있습니다.

포탈라 궁은 중국 티베트 자치구의 라싸에 있는 달라이라마의 궁전으로, 하얀 궁전이 붉은 궁전을 감싸 안고 있는 형태로 되어 있으며, 유네스코 세계 유산에는 87에 이르는 여러 궁의 중심인 영블전에는 5대 달라이라마의 영향이 있습니다.

예 베르사유 궁은 루이 14세기 새롭게 고쳐 짓기 시작하여 50년이 넘는 공사 기간을 거쳐 지금의 모습을 갖게 되었으며, 유사 이래 가장 화려한 궁이라는 평가를 받고 있습니다. 오늘날에는 역사 미술관으로 공개되고 있습니다.

해설 사진 자료와 어울리는 내용을 찾아 핵심 내용이 드러나도록 간략하게 씁니다.

▲ 인터넷 뉴스의 내용으로 알맞은 것에 모두 ○표를 하세요.

- 1406년 명나라 영락제가 베이징으로 천도하며 건설하였으며, 명나라의 황제만이 자금성에서 중국을 통치했다.

○ 자금성은 중국 베이징 중심부에 위치한 궁궐로, 현존하는 궁궐로는 세계 최대 규모이다. 현재는 박물관으로 사용되고 있다.

- 1979년 유네스코 세계 유산으로 등록된 베르사유 궁은 오늘날에는 일반에 공개되지 않고 있다.

○ 베르사유 궁은 루이 14세가 새롭게 고쳐 짓기 시작하여 50년이 넘는 공사 기간을 거쳐 지금의 모습을 갖게 되었다.

○ 현재 포탈라 궁에서 가장 오래된 부분은 대부분 5대 달라이라마 시대에 지어진 것이다.

- 포탈라 궁 중앙의 남쪽에 있는 성인들의 예배당이 가장 신성한 장소이다.

해설 명·청 시대 두 왕조 24명의 황제가 자금성에서 중국을 통치했고, 베르사유 궁은 오늘날 역사 미술관으로 공개되고 있으며, 포탈라 궁 중앙 북쪽 성인들의 예배당이 있습니다.

▲ 유네스코 세계 유산에 등재된 세계의 궁에 대한 가드 뉴스를 만들기 위해 더 찾아볼 자료로 알맞지 않은 것은 무엇일까요? 그 기호를 쓰세요. **답 ①**

㉠ 한국 유네스코 세계 유산 창덕궁
㉡ 스페인 유네스코 세계 유산 알함브라 궁전
㉢ 프랑스 유네스코 세계 유산 노트르담 대성당

해설 유네스코 세계 유산으로 등재된 세계의 궁에 대한 굴이므로, 대성당과는 관련이 없습니다.

정답과 해설 44쪽

3 주차

온라인 대화의 주제에 ○표를 하세요.

도로에서 발견된 싱크홀

우주선의 착륙과 외계인의 침투

해설 진서가 도로에서 발견한 싱크홀에 대해 친구들과 이야기하고 있습니다.

온라인 대화에서 김우주가 고쳐야 할 점을 골라 ○표를 하세요.

이모티콘을 너무 많이 사용했다.

인터넷 백과사전 내용을 전달했다.

추측한 내용을 확실한 사실인 것처럼 이야기했다.

해설 우주는 자신이 추측한 내용이 확실한 사실인 것처럼 이야기했습니다.

활동 온라인 대화 내용을 바탕으로 싱크홀에 대해 알게 된 내용을 마인드맵으로 정리해 보세요.

싱크홀

다른 말
땅꺼짐

뜻
땅에 생긴 커다란 구멍

발생 원인
예) 싱크홀은 지하 암석이 녹아내리거나 지하의 커다란 구멍이 연서 생긴다.

해설 한아린과 김서현이 대화한 내용을 항목에 따라 정리해 봅니다.

싱크홀이란

• '가라앉다'는 뜻의 'sink'와 구멍을 뜻하는 'hole'이 합쳐진 말이다.
• 주로 탄산 칼슘으로 이루어진 석회암 지형에서 일어나는 현상이다.
• 화장암과 편마암이 많은 우리나라에서 발생하는 원인으로 낡은 수도관과 무리한 도시 개발을 꼽고 있다.

5회 과학

1 온라인 대화를 읽고 마인드맵으로 정리하기

환상의 싱크홀

진서가 도로에서 싱크홀을 발견하고 사진을 찍어 과학반 친구들이 온라인 대화방에 공유했어요. 진서와 친구들의 대화 내용을 읽고, 싱크홀에 대해 알게 된 내용을 마인드맵으로 정리해 보세요.

< ○○초등학교 6학년 과학반 8

김보민 우아, 이게 뭐야? 😮 오후 3:00

한아린 어제 엄마랑 할머니 댁에 대여 느데 도로에 이런 게 있지 뭐야! 오후 3:09

이승재 싱크홀이네~. 오후 3:25

한아린 싱크홀? 싱크홀이 뭐야!? 오후 3:31

한아린 땅에 생긴 커다란 구멍이야. 땅꺼짐이라고도 해. 오후 3:42

이승재 헐 너무 위험해 보인다. 오후 3:59

백보람 저거 사람이 빠질 수도 있겠네. 오후 4:03

그래서 도로를 통제하고 안전을 위해 라바콘도 세워 놨더라고. 오후 4:03

< ○○초등학교 6학년 과학반 8

김보민 너무 무섭다. 싱크홀은 왜 생기는 거지!? 오후 4:05

서단비 지구가 뭔가 신호를 보내는 것 같아. 오후 4:09

김우주 지진 분명히 우주선이 착륙한 자리야. 벌써 외계인이 우리 주변에 숨어 있을 거야. 오후 4:11

한아린 우주가 외계인 소리 할 줄 알았어. 오후 4:15

김서현 인터넷 백과사전 찾아보니까 싱크홀은 지하 암석이 녹아내리거나 지하의 커다란 구멍이 붕괴하면서 생긴대. 오후 4:19

이승재 우리 다음 주 발표 주제를 싱크홀로 하는 건 어때? 오후 4:21

한아린 난 찬성! 우주가 외계인 소리 그만두 도록 하려면 싱크홀에 대해 조사해 야 할 것 같아. 😊 오후 4:25

나도 찬성이야. 싱크홀이 궁금해졌어. 오후 4:33

 확인 이 내용이 담긴 디지털 매체는 온라인 대 화 방 이다.

5회 생활

2 스토리보드를 읽고 온라인 대화 하기
광고 스토리보드 만들기

해준이는 학교 숙제로 광고 스토리보드를 만들기를 해 봤어요. 어떤 상품을 알릴까 생각한 다음 그 상품을 잘 알릴 수 있는 문구를 넣어 만들었답니다. 해준이가 만든 스토리보드를 읽고 광고의 표현에 대한 자신의 생각을 써 보세요.

#1 키 성장 영양제 up up!

#2 자고 일어나면 키가 쑥~! up up!

#3 키가 크고 싶나요? 조사에 따르면 99%가 효과 있다고 답함.

#4 누구나 클 수 있어요! 부작용에 주의하세요 (효과는 사람에 따라 다를 수 있음) up up! / 이제 키 고민 끝!

확인 이 내용이 담긴 디지털 매체는 광 고 도, 이 글은 광고를 만들기 위한 스토리보드이다.

정답과 해설 45쪽

▲ 해준이가 알리려고 하는 상품은 무엇인지 ○표를 하세요.

[성장 영양제] [비타민 영양제] [뇌 영양제]

확인 해준이는 키 성장 영양제를 알리는 광고 스토리보드를 만들고 있습니다.

▲ 스토리보드를 통해 알 수 있는 광고의 내용으로 알맞은 것에 ○표를 하세요.

- 이 영양제를 먹으면 키가 큰다. (○)
- 이 영양제를 먹으면 몸이 튼튼해진다.
- 이 영양제는 부작용이 없다.

확인 스토리보드의 광고 내용을 살펴보면 부작용이 있으니 주의하기를 바란다는 내용을 찾을 수 있습니다.

활동 스토리보드를 본 친구들이 반응을 보고 광고의 표현에 대한 자신의 생각을 써 보세요.

< 친구들 이야기방 4 >

김소율: 자고 일어나면 키가 큰다니, 너무 과장된 광고가 될 것 같은데? 오전 9:16

정현우: 맞아. 조사에 따라 99%가 만족했다는데, 어떤 조사인지도 써 있지 않아서 믿음이 안 가. 오전 9:17

확인 광고의 표현에 대한 생각을 정리해 씁니다.

< 친구들 이야기방 4 >

이준서: 오전 9:20

예 들이, 광고도 어느 정도 과장된 내용이 들어갈 수밖에 없잖아. 많이 팔기 위해서는 홍보가 되어야 하니까.

예 맞아. 우리한 내용은 크게, 불리한 내용은 작게 쓸 수밖에 없어. 그러니까 내용을 그대로 받아들이지 말고 비판적으로 봐야 해.

광고를 비판적으로 읽기

- 광고는 광고를 보는 사람들의 마음을 움직여 설득하는 것을 목적으로 한다.
- 광고에서 거짓된 내용이나 과장된 내용을 살펴본다.
- 광고에서 눈에 잘 띄는 내용이 유리한 내용만 강조한 것은 아닌지 살펴본다.
- 광고에서 불리한 내용은 눈에 잘 띄지 않게 작게 쓰는지 살펴본다.

정답과 해설 46쪽

확인 문제 »

4 왼쪽과 같은 매체의 목적은 무엇인가요? (①)

① 설득
② 재미
③ 교훈
④ 안부
⑤ 전화

해설 광고는 설득에 목적을 두고 있는 매체입니다.

5 다음 매체에 대한 설명으로 알맞은 것은 무엇인가요? (①)

우리 생활 속 표준

① 글이나 사진 등으로 정보를 제공한다.
② 다른 사람과 실시간 대화를 할 수 있다.
③ 다른 사람에게 전하고 싶은 생각을 전달한다.
④ 궁금증이 관심 있는 정보만 모아서 내용을 구성한다.
⑤ 재미있는 그림문자 등을 사용하여 대화를 주고받는다.

해설 인터넷 백과사전에서는 필요한 정보에 대한 설명이나 사진을 찾을 수 있습니다.

6 다음 매체에 대한 설명으로 알맞은 것을 두 가지 고르세요. (③, ⑤)

① 인터넷 뉴스의 광고이다.
② 영상으로 만들어진 것이다.
③ 사진과 글로 구성된 읽을거리이다.
④ 실리는 내용이 너무 길어질 수 있다.
⑤ 좋은 글로 된 뉴스에 비해 읽기가 쉽다.

해설 카드 뉴스는 사진과 글로 구성되어 일반적인 줄글보다 읽기가 쉽습니다.

7 온라인 대화방을 통해 대화할 때의 장점으로 알맞지 않은 것을 두 가지 고르세요. (③, ④)

① 쉽게 정보를 공유할 수 있다.
② 만나지 않고도 여러 사람과 함께 대화할 수 있다.
③ 주제를 정해 대화하다가 다른 내용으로 쉽게 빠질 수 있다.
④ 너무 많은 대화가 오가다 보면 중요한 내용을 놓칠 수 있다.
⑤ 컴퓨터나 스마트폰만 있으면 시간과 공간의 제약을 받지 않는다.

해설 ③과 ④는 온라인 대화방을 통해 대화할 때의 단점입니다.

확인 문제 »

1 전자 우편의 특징을 알맞게 말하지 않은 친구의 이름을 쓰세요.

세라: 다른 사람과 실시간 대화를 할 때 주로 사용해.
은호: 인터넷만 연결되어 있으면 언제 어디서라도 의사소통이 가능해.
연주: 같은 내용을 동시에 여러 명에게 보낼 수 있어.

(세라)

해설 다른 사람과 실시간 대화를 할 때 주로 사용하는 것은 온라인 대화방입니다.

2 다음은 어디에서 찾은 자료인가요? (⑤)

온돌

① 블로그
② 인터넷 뉴스
③ 온라인 대화방
④ 인터넷 게시판
⑤ 인터넷 백과사전

해설 인터넷 백과사전에서 찾은 자료입니다.

3 다음에서 알맞은 말에 ○표를 하세요.

《실뜨기 거미줄》 게 실뜨기 알긴 준 설이 가지

위와 같은 매체를 읽고 쉽게 의견이나 느낌 등을 쓸 수 있는 것은 (댓글 , 답글)이라고 한다.

해설 인터넷에 오른 글이나 댓글에 대하여 짧막하게 답하여 쓰는 글을 댓글이라고 합니다. 답글은 질문에 대한 답을 쓰는 것을 말합니다.

4

주차

정답과 해설

1 주차

1회
1 이 책 읽어 봤니?
2 청소년의 목소리 내기

2회
1 사랑해, 우리말
2 제노비스 신드롬을 아시나요?

3회
1 영국으로 가자!
2 달이 녹슨고 있다고?

4회
1 생텍쥐페리의 마지막 비행
2 날씨가 추워졌어요

5회
1 SNS에서도 예절을 지켜요
2 책 광고를 보아요

2 주차

1회
1 우리 반 패션 발표회
2 무주 반딧불 축제

2회
1 페미악품 이렇게 처리해요
2 화가 이중섭

3회
1 픽토그램의 문제점
2 단오

4회
1 생명을 지켜 주는 비율
2 코로나19와 거리 두기

5회
1 길고양이 캣맘 논란
2 선거를 해요

3 주차

1회
1 마음을 전해요
2 미스터리 서클

2회
1 고슴이 난방 방식, 운돌
2 고양이를 키워요

3회
1 공중 시계, 앙부일구
2 생활 속 표준 이야기

4회
1 삶의 가치를 찾아서
2 세계의 군

5회
1 환상의 싱크홀
2 광고 스토리보드 만들기

4 주차

1회
1 친구 사랑 실천하기
2 세계의 음식, 베트남 쌀국수

2회
1 점점 심해지는 이동학대
2 배가 바다에 뜨는 원리

3회
1 자유의 여신상
2 청소기 사세요

4회
1 플라스틱의 역습
2 게임 개발자가 궁금해요

5회
1 지문에 사용하는 빛
2 떡볶이 만들기

4주차

정답과 해설 49쪽

▲ 온라인 대화를 통해 알 수 있는 내용을 모두 골라 ○표를 하세요.

태민이네 학교에서는 '친구 사랑' 캠페인을 벌이기로 했다.

태민이네 반에서는 친구 캐릭터 그리기, 친구에게 줄 상장 만들기, 우정 편지 쓰기를 하기로 했다.

태민이는 캠페인에서 친구 캐릭터 그리기를 하기로 했다.

해설 온라인 대화방에서 나눈 대화를 보면, 태민이는 그림을 잘 그린다고 받았습니다.

▲ 다음 상황에 알맞은 상 이름을 써 보세요.

친구의 장점이나 칭찬받을 만한 점	친구들의 이야기를 잘 들어주는 친구
친절하고 배려가 많은 친구	어울리는 상 이름
어울리는 상 이름	예 들어줘서 고마워상
베스트 친절상	

해설 상 이름을 만들 때에는 친구의 장점, 칭찬받을 만한 점, 고마운 점 등을 생각해 어울리는 이름을 정합니다.

활동 학급 게시판에 올릴 '친구에게 주는 상'의 내용을 써 보세요.

베스트 친절상

이름: 김하윤

위 친구는 항상 웃는 얼굴로
친구들을 대하며 고운 말씨로
말하여 이 상을 주어 칭찬합니다.

20○○년 7월 8일

6학년 2반 강태민

들어줘서 고마워상

이름: 정소미

위 친구는 친구들의 이야기를
잘 들어 주고, 고민이 있으면
함께 나누어 반 분위기를 좋게
만들었으므로 이 상을 주어
칭찬합니다.

20○○년 6월 17일

6학년 2반 강태민

친구들에게 줄 상장을 만들 때 생각할 점

- 친구의 장점, 열심히 노력한 점 등 칭찬받을 점을 떠올린다.
- 상장에는 상 이름과 칭찬하는 이유를 구체적으로 쓴다.
- 친구들 사이에 주고받는 것이므로 편하고 재미있는 말로 써도 좋다.

1회 생활

온라인 대화를 읽고 상황 내용 쓰기

친구 사랑 실천하기

태민이네 학교에서는 이번 한 달간 '친구 사랑' 캠페인을 벌이기로 했습니다. 태민이네 반에서는 '친구 사랑'을 실천하기 위해 무엇을 할지 아이디어를 모으고 있어요. 태민이와 같이 학급 게시판에 올릴 상장의 내용을 써 보세요.

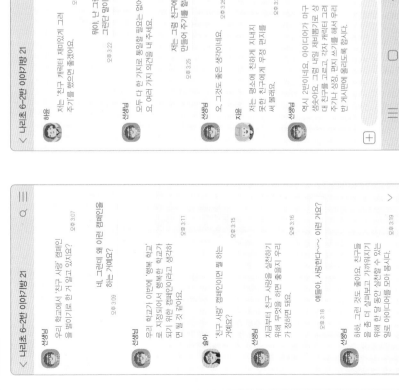

< 나리초 6-2반 이야기방 21

선생님: 우리 학교에서 '친구 사랑' 캠페인을 벌이기로 한 거 알고 있지요? 오후 3:07

네. 그런데 왜 이런 캠페인을 하는 거예요? 오후 3:09

선생님: 우리 학교가 이번에 '행복 학교'로 지정되어서 행복한 학교가 되기 위한 캠페인이라고 생각하면 될 것 같아요. 오후 3:11

솔이: '친구 사랑' 캠페인이면 뭘 하는 거예요? 오후 3:15

선생님: 지금부터 친구 사랑을 실천하기 위해 무엇을 하면 좋을지 우리가 정하면 돼요. 오후 3:16

애들아, 시작만~~, 이런 거요? 오후 3:18

선생님: 하하. 그런 것도 좋아요. 친구를 좀 더 살펴보고 가까워지기 위해 한 달 동안 실천할 수 있는 일로 아이디어를 모아 봅시다. 오후 3:19

< 나리초 6-2반 이야기방 21

하은: 저는 '친구 캐릭터 재미있게 그려 주기'를 했으면 좋겠어요. 오후 3:21

뭐야. 넌 그림 잘 못 그린단 말이야! 오후 3:22

선생님: 모두 다 한 가지로 통일할 필요는 없어요. 여러 가지 의견을 내 주세요. 오후 3:23

저는 그림 친구에게 상장 만들어 주기를 할래요. 오후 3:25

선생님: 오. 그것도 좋은 생각이네요. 오후 3:26

지윤: 저는 평소에 친하게 지내지 못한 친구에게 우정 편지를 써 볼래요. 오후 3:30

선생님: 역시 2반이네요. 아이디어가 마구 샘솟아요. 그럼 내일 재활용지로 상 캐릭터 그리기, 친구를 고르고, 각자 캐릭터 그려 주기나 상장, 편지 쓰기를 하고 우리 반 게시판에 올리도록 합시다. 오후 3:31

확인 이 내용이 담긴 디지털 매체는 온라인 [대][화][방] 이다.

4주차

정답과 해설 50쪽

블로그 H

URL 보기

시원한 국물의 끝판왕, 베트남 쌀국수

🕐 맛따씨 | 20.○○.03.11.21:02

안녕하세요? 오늘 제가 여행지는 베트남입니다. 베트남 음식 하면 가장 먼저 떠오르는 것이 쌀국수죠. 베트남에서 쌀국수는 식당뿐 아니라 베트남 어디서나 쉽게 볼 수 있는 길거리 음식으로, 베트남 현지뿐만 아니라 세계적으로 잘 알려져 있습니다. 자, 맛을 찾아 떠나는 세계 여행! 그럼 베트남 쌀국수를 향해 출발합니다.

베트남은 쌀 재배를 하기에 아주 좋은 자연환경을 갖추고 있어서 베트남이 한해 쌀 생산량이 베트남 전체 농업 생산량의 절반에 달할 정도입니다. 이처럼 풍부한 쌀로 면을 뽑아 만든 음식이 바로 쌀국수입니다. 베트남에서는 쌀국수를 '퍼'라고 부르며, 바쁜 아침의 간편한 식사로, 혹은 출출할 때 간식으로 즐겨 먹는 음식입니다.

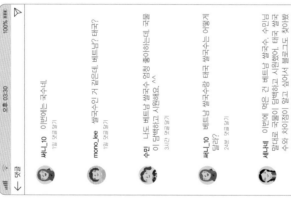

베트남 쌀국수의 역사

쌀국수의 역사는 그리 길지 않습니다. 프랑스 식민지 시절에 시작되었습니다. 1950년대에 남부지방과의 교류가 빠르게 이루어지면서 베트남의 대표 음식이 되었습니다. 그리고 베트남 전쟁을 계기로 미국, 프랑스, 호주 등으로 이주한 베트남 사람들이 현지에서 쌀국수를 팔기 시작하면서 세계적으로 알려지게 되었습니다.

베트남 쌀국수의 종류

쌀국수의 종류는 담음한 소고기 쌀국수인 '퍼보', 담백한 닭고기 쌀국수인 '퍼가'가 대표적이며, 여기에 주재료와 육수, 고명 등에 따라 다양합니다. 쌀국수를 통해 베트남의 지역 간 입맛의 차이를 엿볼 수 있는데, 담고기육지 음식을 선호하는 베트남 북부 사람들은 '퍼보'를 즐겨 먹고, 담백한 맛을 선호하는 북부 사람들은 '퍼가'를 즐겨 먹는다고 합니다.

태국의 쌀국수는?

· 베트남 쌀국수와 비교했을 때 가장 큰 차이는 육수에 있다.

· 태국 음식은 중국, 인도, 유럽의 음식 문화가 합쳐지면서 다양한 향신료가 독특한 향을 낸다.

· 베트남 쌀국수에 비해 지극적이면서 맛이 더 진하고 양념이 강하다.

1회

역사

2 SNS와 블로그를 읽고 마인드맵으로 정리하기

세계의 음식, 베트남 쌀국수

세나비 가족은 주말에 베트남 음식 전문점에 갔어요. 세나는 그곳에서 맛 본 맛있는 쌀국수 사진을 SNS에 올리고, 쌀국수에 대한 정보를 찾아보았어요. SNS와 블로그를 통해 알게 된 쌀국수에 대한 정보를 마인드맵으로 정리해 보세요.

100% ▢

← 게시물

세나비

오후 0:30

댓글 32개 모두 보기

#오늘도나는음식여행♥

#국물이끝내줘요

2일 전

세나비 10, mono_lee외 21명이 좋아합니다.
세나비 #쌀국수 #베트남쌀국수 #베트남이첫식사
#먹스타그램 #먹팔 #맛팔

100% ▢

← 댓글

세나니_10 이번에는 국수네.
1일 댓글달기

mono_lee 쌀국수인 가 길은데. 베트남? 태국?
1일 댓글달기

수린 나도 베트남 쌀국수 엄청 좋아하는데. 국물
이 담백하고 시원해요. ^^
3시간 댓글달기

세나니_10 베트남 쌀국수랑 태국 쌀국수는 어떻게
달라?
24분 댓글달기

세나비 이번에 먹은 건 베트남 쌀국수. 수린이
말대로 국물이 담백하고 시원했어. 태국 쌀국
수의 차이점이 알고 싶어서 쌀을 가중하여 찾아봤
지. 베트남의 풍부한 쌀로 가중하여 만든 음식
이 바로 쌀국수인데, 간편한 아침식사나 출출
할때 기볍게 먹을 수 있는 대중적인 음식이네.
블로그 검색해 좀 봐. 한번 읽어 봐.
15분 댓글달기

게시

확인 이 내용이 담긴 디지털 매체는 SNS와 블 로 그 이다.

활동 SNS와 블로그를 통해 알게 된 쌀국수에 대한 정보를 마인드맵으로 정리해 보세요.

역사
- 프랑스 식민지 시절에 시작되어, 하노이 유역에서 대중 음식으로 자리 잡음.
- 1950년대에 베트남의 대표 음식이 됨.
- 베트남 전쟁을 계기로 세계 여러 나라로 이주한 베트남 사람들이 현지에서 쌀국수를 팔기 시작하면서 세계적으로 알려지게 됨.

예

지역적 환경
베트남은 쌀을 재배하기에 아주 좋은 자연환경을 갖추고 있어 풍부한 쌀로 면을 뽑아 만든 음식인 쌀국수가 즐겨 먹는 음식이 됨.

베트남 쌀국수
쌀로 만든 국수에 육수를 넣은 음식이다.

종류

파가	퍼
예 담백한 닭고기 쌀국수, 베트남 북부	예 담백한 소고기 쌀국수, 베트남 남부

해설 베트남 쌀국수에 대한 내용을 각 항목별로 구분하여 정리합니다.

▲ 세나가 SNS에서 소개한 음식은 무엇인지 ○표를 하세요.

일본 라멘 / (베트남 쌀국수) / 이탈리아 파스타

해설 세나는 베트남 음식 전문점에서 먹은 쌀국수 사진을 자신의 SNS에 올렸습니다.

▲ '베트남 쌀국수'에 대한 내용으로 알맞지 않은 것에 ○표를 하세요.

베트남의 풍부한 쌀로 면을 뽑아 만든 음식이다.

○ 태국 쌀국수는 베트남 쌀국수에 비해 국물이 담백하고 시원하다.

'퍼'라고 부르며, 바쁜 아침의 간편한 식사로, 혹은 출출할 때 간식으로 즐겨 먹는 음식이다.

베트남 전쟁을 계기로 다른 나라로 이주한 베트남 사람들이 현지에서 쌀국수를 팔기 시작하면서 세계적으로 알려지게 되었다.

해설 태국 쌀국수는 베트남 쌀국수에 비해 지극적이면서 맛이 더 진하고 양념이 강합니다.

▲ 베트남의 남부와 북부에서 즐겨 먹는 쌀국수의 이름을 각각 쓰세요.

파가

퍼

(지도: 중국, 타이, 라오스, 캄보디아, 베트남, 하노이, 다낭, 호찌민)

해설 담고 기름진 음식을 선호하는 베트남 남부 사람들은 '파가'를 즐겨 먹고, 단백한 맛을 선호하는 북부 사람들은 '퍼'를 즐겨 먹는다고 합니다.

4주차

▲ 인터넷 뉴스의 내용으로 알맞은 것에 ○표를 하세요.

이 글은 (이동 학대), 반부작자)로 인해 일어난 사건에 대한 인터넷 뉴스이다.

해설 뉴스는 이동학대와 관련된 사건에 대한 인터넷 뉴스이다.

▲ 인터넷 뉴스에 대한 설명으로 알맞은 것을 모두 골라 ○표를 하세요.

정확한 사실을 있는 그대로 전달한다.

어떤 대상을 알리기 위해 과장해서 표현한다.

기사 내용을 읽는 사람에게 빠르게 전할 수 있다.

해설 인터넷 신문 기사는 정확한 사실을 빠르게 전할 수 있습니다.

활동 인터넷 신문 기사 내용을 바탕으로 하여 인터넷 게시판에 건의하는 글을 써 보세요.

자유 게시판

🏠 참여 소통 > 열린 게시판 > 자유 게시판

🔒 인쇄

(예) 이동 학대에 대한 처벌을 더 강하게 해 주세요

요즘 어린이들을 학대하는 사건이 많이 일어나고 있습니다. 이런 사건은 가정에서 일어나기 때문에 잘 드러나지 않고 오랜 시간 동안 학대가 이루어지므로 더 어린이가 성인이 된 후까지 영향을 미칩니다. 이동학대가 일어나지 않도록 이동학대를 아무렇지 않게 여기는 사람들을 더 강력하게 처벌해 주세요.

해설 이동학대에게 대한 인터넷 뉴스를 읽고 이동학대를 아무렇지 않게 여기는 사람들에 대한 건강하고 건전한의 제안하고 싶은 내용을 떠올려 씁니다.

인터넷 신문 기사
vs
종이 신문 기사

• 종이 신문 기사는 기사의 길이에 대한 제한이 있지만, 인터넷 신문 기사는 기사 길이에 자유롭고 수정도 가능하다.
• 종이 신문 기사는 인쇄된 형태로 읽는 사람들에게 제공되는 단계에서 끝나지만, 인터넷 신문 기사는 댓글을 달수 있어 읽는 사람들과 소통할 수 있다.

2회
사회

① 인터넷 뉴스를 읽고 게시판에 글쓰기

점점 심해지는 아동학대

아버지가 9살 어린이를 굶기고 때린 인터넷 뉴스가 사건이 일어났어요. 아동학대를 줄이기 위해서는 어떤 방향이 있을지 생각하며 인터넷 뉴스를 읽고, 인터넷 게시판에 건의하는 글을 써 보세요.

NEWS | 과학 | 정치 | 이슈 | TV연예 | 날씨

굶기고 때리고 … 점점 심해지는 아동학대

현재호 기자

입력 2000.01.26. 오후 7:01

9살 어린이가 가정에서 학대를 받는다가 탈출하는 인터까온 사건이 발생했다. 지난 12일 인남시에 있는 한 편의점에서 9살 송이 과자를 몰다가 주인에게 발견되었다. 영하 10도의 매우 추운 날씨에도 불구하고 송이 맨발에 지지분한 반소매 차림으로 옆을 먹고 있었다. 이 모습을 이상하게 생각한 편의점 주인은 경찰에 신고를 하였고, 조사 결과 오랜 기간 계속되던 가정 내 학대가 드러났다.

송이를 학대한 사람은 송이의 친아버지인 B씨였다. B씨는 지난해 겨울 인남시로 이사 온 이후부터 매일 게임 만 하며 송이를 학교에도 제대로 보내지 않았다.

경찰 조사에서 송이은 아버지인 B씨가 하루 종일 컴퓨터 앞에서 게임만 하며 밥도 제대로 주지 않았으며, 배가 고파 먹을 것을 찾아다녀면 폭행을 일삼았다고 했다. 실제로 발견 당시 송이은 영양 상태가 매우 좋지 않았고, 110cm에 15kg으로 또래 아이들보다 훨씬 작았다. 배고픔과 폭행을 견디기 힘들었던 송이은 지난 12일에 집 화장실 창문을 열고 탈출했다. 그리고 편의점에 가 과자를 몰쳐 먹었던 것이다.

B씨는 왜 송이을 때리고 굶겼느냐는 질문에 죄송하다는 말과 도롭이하면 자신의면 범죄를 인정했다.

💬 공감 70 ∨

└ **참사랑** 같은 초등학생 아이를 둔 부모로서 아동학대 자기 자녀에게 그릴 수 있는지 의문이 드네요.

└ **소망이** 가정에서 일어나기 때문에 밝혀지기 힘든 이러한 아동학대에 대한 대처가 필요합니다.

확인 이 내용이 담긴 디지털 매체는 인터넷 [뉴] [스] 이다.

💬 댓글 55 ∨

4 주차

▲ 블로그를 읽고 다음에서 설명하는 것은 무엇인지 찾아 쓰세요. 📝 부력

물이 물체를 밀어 올리는 힘을 말한다.

해설 물이 물체를 밀어 올리는 힘을 부력이라고 한다.

▲ 부력의 원리를 발견한 사람은 누구인지 ○표를 하세요.

□ 플라톤　　□ 소크라테스　　□ 아르키메데스

해설 부력의 원리를 발견한 사람은 고대 수학자이자 물리학자인 아르키메데스입니다.

활동 블로그를 읽고, 새롭게 알게 된 정보를 정리해 써 보세요.

수심 돈이 넘는 배가 바다 위에 떠 있는 모습을 볼 때마다 신기했는데, 부력이라는 현상에 의해 배가 뜰 수 있다는 것을 알게 됐다.	예 물에 떠 있는 배의 경우 중력의 크기와 부력의 크기가 같아서 물에 뜰 수 있는 것이다.

해설 블로그의 내용 가운데 새롭게 알게 된 내용을 찾아 정리합니다.

부력의 발견

해설 아르키메데스는 왕으로부터 왕관이 순금인지 은이 섞여 있는지 알아내라는 명령을 받았다. 방법을 고민하던 아르키메데스는 목욕을 하기 위해 욕조에 몸을 담갔다가 물이 흘러 넘치는 것을 보고 순금과 은은 부피가 다르므로 물이 얼마나 넘쳐나는지로 다르다는 부력의 원리를 발견하여 '유레카!'라고 외쳤다고 한다.

2회 과학

2 블로그를 읽고 새로 알게 된 내용 정리하기

배가 바다에 뜨는 원리

'철은 물에 가라앉는데 철로 만든 커다랗고 무거운 배는 어떻게 바다 위에 뜰 수 있을까?' 궁금해진 민서가 인터넷에서 찾아본 내용을 블로그에 정리했어요. 블로그를 읽고 새로 알게 된 내용을 정리해 보세요.

블로그 ▣

지혜의 거울

무거운 배가 바다에 뜨는 원리

지혜의 거울 20XX. 09. 28 17:24

물에서 물체를 들었을 때 더 가볍게 느껴진 경험이 있나요?

제각에서 물에 넣어 둔 수박을 들면 물속에서 들 때는 가벼웠는데, 물 위로 들어 올리면 무거워져요. 이렇게 물은 물체를 밀어 올리는 힘을 가지고 있는데, 이러한 힘을 부력이라고 해요.

부력은 고대 그리스의 수학자이자 물리학자인 아르키메데스가 발견한 현상이에요.

아르키메데스는 욕조에 몸이 넘치는 모습을 보고 부력의 원리를 발견했다고 해요.

부력은 물체가 동일한 부피를 갖는 물과 같은 무게가 될 때까지 물에 떠 있게 되는 현상으로, 물이 물체를 밀어 올리는 힘을 말해요. 부력이 작용하는 방향은 중력과 반대예요.

무거운 배가 물에 뜨는 이유는 배를 구성한 물체와 내부 공간 무게의 총합이 동일한 부피의 물보다 가볍기 때문이에요. 그래서 배의 무게보다 가벼운 만큼의 물만 밀어 올리면 중력이 배를 아래로 끌어당기는 힘만큼 그 힘만큼 물을 위로 밀어 올리기 때문에 배가 뜨는 거예요.

[중력, 부력]

확인 이 내용이 담긴 디지털 매체는 □블로그 □톡 □그 이다.

목록

전체 보기(23)

나의 하루(15)

관심거리(12)
└친구
└가족
└여행

블로그 이웃 15명
글 보내기 8회
글 스크랩 11회

3회
문화

1 블로그 글을 읽고 광고 만들기

자유의 여신상

세계에는 다양한 건축물이 있어요. 그 중에서 미국 뉴욕에 있는 자유의 여신상은 미국의 독립 100주년을 기념해 프랑스에서 선물한 거예요. 미국 자유의 여신상을 관광하고 쓴 블로그 글을 읽고 자유의 여신상을 여행을 홍보하는 광고를 만들어 보세요.

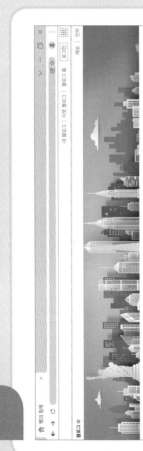

뭉나무 2000.10.08 17:32

꿈에 그리던 뉴욕에 가다

자유의 여신상을 만나다

캐나다 / 뉴욕 / 워싱턴 D.C. / 멕시코

인천 공항에서 뉴욕 JFK 공항까지는 직항으로 17시간 정도를 갑니다. 꿈에 그리던 뉴욕 여행을 위해 17시간의 비행이 정말 길게 느껴질 정도였습니다. 공항에 도착해 한인 택시로 맨하튼 숙소까지 가서 짐을 풀고 자유의 여신상을 보러 가기 위한 준비를 했습니다. 자유의 여신상이 있는 리버티 섬까지 가려면 우선 배터리 파크에 가야 합니다. 그곳에서 자유의 여신상을 보러 약 25분 정도 걸리는데요, 맨해튼 섬 남쪽 끝에 위치한 배터리 파크는 항상 자유의 여신상을 보러 가기 위한 관광객들로 넘쳐난다고 합니다. 그 래서인지 페리 승선을 기다리는 관광객을 위한 판토마임, 댄스, 노래와 같은 공연이 한참이었습니다. 대중교통을 이용해 배터리 파크를 가려면 전철 4, 5선 볼링그린역에서 내리면 됩니다.

 이 내용이 담긴 디지털 매체는 블로그이다.

---

4 주차

정답과 해설 54쪽

눈앞에 자유의 여신상이!

티켓을 사서 페리를 타고 20분 정도 가니 눈앞에 거대한 자유의 여신상이 펼쳐졌습니다. 뉴욕의 상징인 이 조각상의 정식 명칭은 '세계를 비추는 자유'입니다. 프랑스와 미국의 친선을 기념하는 의미로 프랑스가 선물한 것으로, 조각가 프레데리크-오귀스트 바르톨디가 10년에 걸쳐 만든 것으로 유명합니다. 설계는 에펠탑을 건축한 귀스타브 에펠이 했다고 합니다. 받침대 위에 선 여신은 부드럽게 흘러 내리는 옷을 입고 머리에는 7개의 대못을 상징하는 왕관을 쓰고 있으며, 왼손에 들고 있는 책에는 미국 독립기념일인 1776년 7월 4일이 로마자로 적혀 있습니다. 오른손에 들고 있는 횃불은 세계 모든 나라를 비추는 자유의 빛을 상징한다고 합니다.

이민자들이 나라 미국에 있어서의 미국의 독립을 기념하여 만든 자유의 여신상은 상징적인 의미를 가지고 있습니다. 자유의 여신상은 1984년 유네스코 세계 유산으로 등재되었다고 합니다.

자유의 여신상 속으로

자유의 여신상 안쪽으로 들어가 왕관 부분에서 관람할 수 있다는 사실을 아십니까? 미리 신청한 시람에 한해서 내부 관람이 허락됩니다. 자유의 여신상 내부의 계단은 왕관까지 연결되어 있었습니다. 걸음과 다리에 내부는 엄청 좁아서 힘들게 계단을 올라가야만 했습니다. 높이가 46m 정도인 자유의 여신상의 무게는 225t 정도인데, 무게가 느껴지 검답숨이 다리에 두께는 않았고 내부는 텅 비어 있었습니다. 그리고 여러 가게 장치와 지지 장치의 철제 구조물로 가득했습니다. 왕관 부분에서 바라보니 훤히 보였습니다. 대사상이 바라보며 진정한 지유에 대한 생각에 잠길 수 있었습니다. 이 모습을 보기 위한 방문객들로 내부가 붐볐지만 섭미 때들을 수 없는 광경이니 누구들 여행하시는 분들은 꼭 한번 올라가시길 추천 드립니다. 운영 시간은 09:30~17:00입니다.

#미국 #뉴욕 #자유의여신상 #자유 #바르톨디 #에펠 #동상 #프랑스 #횃불 #왕관 #계단

자유의 여신상에 대한 상식

• 뉴욕을 가장 대표하는 동상으로 미국 '아메리칸 드림'의 상징이다.
• 프랑스에서 미국으로 올 때에는 높이가 약 50 m 정도 더 동상을 300여 조각으로 해체해 운반했다.
• 원래는 갈색을 띠었으나 공기 중에 조금씩 변색되어 지금과 같은 푸른색이 되었다.

활동 블로그 내용을 바탕으로 '자유의 여신상' 관광을 홍보하는 광고를 카드 뉴스로 만들어 보세요.

자유의 여신상 만나러 가요

자유의 여신상을 직접 보면서 진정한 자유를 느껴 보고 싶지 않으십니까?

예 자유의 여신상이 있는 뉴욕까지 한국에서 비행기로 약 17시간 정도 갑니다.

예 자유의 여신상 내부로 들어가 왕관까지 가서 대서양을 내려다보며 자유를 만끽해 보세요. 자, 어서 출발하세요.

배터리 파크에서 리버티 섬까지 페리를 타고 약 20분 정도 가면 거대한 자유의 여신상이 눈앞에 펼쳐집니다.

해설 사진의 모습을 가장 잘 나타낼 수 있는 부분을 찾아 관광지를 매력적으로 홍보하는 말을 떠올려 씁니다.

▲ 블로그를 통해 알 수 있는 내용으로 알맞은 것에 모두 ○표를 하세요.

인천 공항에서 JFK 공항까지의 직항 시간	○
자유의 여신상이 서 있는 곳	○
맨해튼 섬의 규모	□

해설 블로그에는 인천 공항에서부터 뉴욕까지의 소요 시간과 자유의 여신상이 있는 리버티 섬에 대한 내용이 나타나 있습니다.

▲ 이 글을 읽고 뉴욕 여행을 계획하려고 합니다. 뉴욕에 대해 더 찾아보아야 할 것의 기호를 두 가지 쓰세요. 답 ㉮, ㉰

㉮ 뉴욕에서 한인 택시를 타는 방법
㉯ 자유의 여신상 내부 관광 운영 시간
㉰ 대중 교통을 이용해 배터리 파크로 가는 방법
㉱ 자유의 여신상 내부 관광을 위한 사전 신청 방법

해설 ㉯, ㉱는 블로그 자료에 나타나 있습니다.

▲ 블로그를 읽고 '자유의 여신상'에 대한 키워드를 뽑아 보려고 합니다. 알맞은 내용에 모두 ○표를 하세요.

공원 독일 위싱턴 왕관 리버티 섬 세계 유산

해설 자유의 여신상은 유네스코 세계 유산으로 등재된 거대한 동상으로, 맨해튼 섬 곁에 위치한 리버티 섬에서 볼 수 있고, 왕관까지 올라갈 수 있습니다.

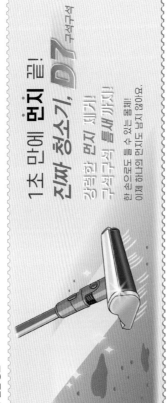

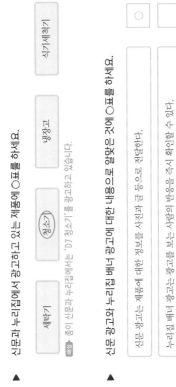

4주차

정답과 해설 56쪽

▲ 신문과 누리집에서 광고하고 있는 제품에 ○표를 하세요.

세탁기   청소기   냉장고   식기세척기

해설 종이 신문과 누리집에서는 'D7 청소기'를 광고하고 있습니다.

▲ 신문 광고와 누리집 배너 광고에 대한 내용으로 알맞은 것에 ○표를 하세요.

신문 광고는 제품에 대한 정보를 사진과 글 등으로 전달한다.

누리집 배너 광고는 광고를 보는 사람이 반응을 즉시 확인할 수 있다.

해설 누리집 배너 광고에서는 사진, 영상, 음악, 지식으로 제품을 효과적으로 광고할 수 있지만, 광고를 보는 사람들이 반응을 즉시 확인할 수는 없습니다.

활동 신문 광고를 보고 친구들의 반응을 보고 자신의 생각을 써 보세요.

< 단체 이야기방 3

청소기가 새로 나왔나 봐.
아빠가 청소기 새로 사야
한다고 하셔서 먼지가 청소기
광고가 계속 눈에 보여. 오후 5:07

새로 나온 청소기는 아주
강력한가 봐. 1초 만에
먼지가 사라진대. 오후 5:08

에이, 광고니까 더 좋게만
써 놓은 거지. 광고를 보
면서 제품에 대한 정보를
얻고, 정확한 사실이 아닌
내용은 잘 판단해서 들어
야 해. 오후 5:10

해설 광고에 나와 있는 정보를 비판적으로 볼 수 있도록 합니다.

< 단체 이야기방 3

그건 맞는 말인 거 같다. 나는
그 광고 보고 어떤 생각이 들
었나? 오후 5:11

예) '1초 만에', '하나의 먼지도
남지 않아요'라고 한 부분이
너무 과장되어서 제품에 별
로 믿음이 가지 않아. 광고
를 볼 때는 숨어 있는 진실
을 볼 수 있어야 해.

청소기의 원리

공기의 압력이 기압은 높은 곳에서 낮은 곳으로 이동한다. 청소기는 이런 공기의 압력 차이를 이용하여 먼지를 빨아들인다. 청소기 안쪽에서 강한 바람을 만들어 서 밖으로 내보내면 청소기 안쪽의 기압이 낮아지고 주변의 공기와 함께 먼지나 쓰레기까지 기압이 낮아진 청소기 안쪽으로 빨려 들어가면서 청소가 된다.

3회
생활

2 광고를 읽고 온라인 대화 하기

청소기 사세요

보민이의 아빠는 종이 신문을, 보민이는 누리집을 보고 있는데 'D7 청소기'를 사도록 하기 위해 청소기를 알리는 광고가 나왔어요. 신문 광고와 누리집 배너 광고를 보고, 온라인 대화방에 광고에 대한 생각을 써 보세요.

● 신문 광고

1초 만에 먼지 끝!
진짜 청소기, D7 구석구석

강력한 먼지 제거
구석구석 틈새까지

한 손으로 들 수 있는 무게!
이제 하나의 먼지도 남지 않아요.

집 안 구석구석 먼지를 싹~

광고 끝판왕 D7 추가 할인!

D7 청소기 2만 대 판매 동안!

● 누리집 배너 광고

온누리

메일 카페 블로그 쇼핑 지식 사전 웹툰 지도 뮤직

날씨 6.4℃ ↻10.17(월) 9:30 갱신

오늘의 뉴스

더 안전하고 편리하게 이용하세요

온누리 로그인

회원가입   아이디·비밀번호 찾기

확인 이 내용이 담긴 디지털 매체는 신문 광고와 누리집 배너 광 □ 고 □ 이다.

4회
과학

플라스틱의 역습

1 뉴스 방송 대본을 읽고 인터넷 게시판에 글쓰기

미세 플라스틱, 환경 오염의 주범

크기가 5mm 미만인 플라스틱을 미세 플라스틱이라고 합니다. 미세 플라스틱은 이렇게 크기가 매우 작아서 하수 처리 시설로도 걸러지지 않고 강이나 바다로 흘러가고 있어요. 이것이 바다 생물을 위협하는 존재가 되었습니다.

기자: 가볍고 단단하고 가격이 싸서 많이 이용하는 플라스틱 제품은 잘 썩지 않아서 환경 문제를 일으킵니다. 또한 플라스틱 제품이 분해되는 과정에서 생기는 작은 미세 플라스틱은 옷감, 화장품에 사용되는 스크럽, 치약, 아이스팩 등 우리 생활의 다양한 제품에 들어가 있습니다. 쓰레기를 배출할 때 강이나 바다로 흘러 들어가 해양을 오염시킵니다. 뿐만 아니라 먹이사슬을 통해 해양 생물의 몸에 축적되어 있다가 다시 사람들의 식탁에 오르기도 하기 때문에 심각한 문제를 일으키고 있습니다.

전문가: 미세 플라스틱은 생수나 맥주뿐만 아니라 쌀, 과일, 채소, 냉동식품 등 이미 우리 식탁과 생활을 점령하고 있습니다. 하지만 하수 처리장에서도 걸러지지 않기 때문에 다시 하천이나 해양 생물이 먹고 그 생물이 다시 식탁에 오르면서 악순환이 계속되고 있습니다. 플라스틱이 환경호르몬을 포함하고 있기 때문에 미세 플라스틱 역시 유해하다고 볼 수 있습니다.

기자: 가볍고 가격이 싸다는 편리성 때문에 쉽게 사용되고 있는 플라스틱. 하지만 계속 사용하다가는 언젠가 지구 생태계에 큰 위험이 될 수도 있습니다. ETS 손미나입니다.

확인 이 내용이 담긴 디지털 매체는 텔레비전  이다.

▲ 미세 플라스틱이 들어 있는 물건을 모두 골라 ○표를 하세요.

[치약] [화장품] [아이스팩]

해설 미세 플라스틱은 우리가 사용하는 많은 물건에 들어 있습니다.

▲ 뉴스 방송 대본의 내용으로 알맞은 것에 모두 ○표를 하세요.

플라스틱은 가볍고 단단하여 많이 사용되고 있다. ○

미세 플라스틱은 배출하면 하수 처리장에서 걸러진다.

플라스틱은 환경 호르몬을 포함하고 있다. ○

해설 미세 플라스틱을 배출하면 하수 처리장에서 걸러지지 않기 때문에 해양을 오염시킵니다.

활동 뉴스 방송 대본을 읽고 환경에 대해 제안하는 글을 인터넷 게시판에 쓰세요.

자유 게시판

🏠 참여 소통 > 열린 게시판 > 자유 게시판

[검색] [인쇄]

예 미세 플라스틱을 먹는 것이 사람이 아닌데 나도 모르는 새에 섭취하고 있었다니 놀랍습니다. 플라스틱 사용을 줄이기 위해 노력해야 합니다. 일회용품과 일회용 포장 용기의 사용을 줄이기 위해 노력합시다. 그리고 되도록 미세 플라스틱이 포함되지 않은 친환경 제품을 구매하도록 합시다.

해설 미세 플라스틱으로 인해 생태계뿐만 아니라 식품 등으로 오염될 수 있어 전 지구적 환경 이슈가 되고 있습니다.

미세 플라스틱으로부터 안전하게 수산물을 섭취하는 방법
• 수산물은 기름적 내장을 제거한 후 섭취한다.
• 바지락은 소금물에 30분간 해감할 경우 미세 플라스틱이 90% 이상 제거되므로 조개류는 껍질을 깨끗이 씻고 충분히 해감한다.

4회 사회

2 인터넷 게시판을 읽고 댓글 쓰기

게임 개발자가 궁금해요

○○ 초등학교 5학년 2반 담임 선생님께서도는 게임 개발자가 꿈인 학생들에게 정보를 주기 위해 게임 개발자를 만나 면담을 통해 얻은 답변을 인터넷 하급 게시판에 올렸어요. 면담 내용을 읽고, 게시판에 남긴 댓글을 써 보세요.

자유 게시판

🏠 5학년 > 열린 마당 > 자유 게시판

게임 개발자와의 만남

친구들 반가워요. 선생님이 지난주에 ○○ 초등학교에서 게임을 개발하는 분을 만났어요. 게임 개발자가 꿈인 친구들이 정말한 질문들을 토대로 약 30분간 면담 형식으로 대화를 주고받았어요. 게임 영상 올려놓을 때 나 관심 있는 친구들은 보고 궁금한 점이나 느낀 점 등등 댓글에 남겨 주세요. 게임 개발자분이 나중에 댓글에 답을 주시기로 했어요. 게임 개발자가 꿈인 친구들은 적극적으로 참여해 주세요.

작성자: 워시진 | 작성일: 2000-09-09 10:40 | 댓글 4 | 조회수 23

선생님 처음 뵙겠습니다. ○○ 초등학교에서 아이들을 가르치는 ○○○입니다.
게임 개발자 처음 뵙겠습니다. ○○ 미디어 게임 프로그래머 ○○○입니다.
선생님 우리 반 친구들 중에서 장래희망이 게임 개발자인 친구가 많은데 그 친구들에게 전문적인 정보를 제공하고자 이렇게 방문하게 되었습니다.
게임 개발자 잘 오셨습니다. 저는 게임 개발자 중에서 게임 프로그래머 직종이지만, 그래도 제가 아는 것은 성심껏 답변 해 드리겠습니다.
선생님 우리 반 친구들이 작성한 질문지를 토대로 질문하겠습니다.
게임 개발자 네! 답변을 내용이 너무 방대하면 자도 저의 회사를 기준으로 말씀드리겠습니다.

확인 이 낱말이 담긴 디지털 매체는 인터넷 [게] [시] [판] 이다.

선생님 게임 개발자가 되기 위해서는 대학을 가야 하나요?
게임 개발자 꼭 대학에 가야 하는 것은 아니지만 저 같이 컴퓨터 프로그래머인 경우 컴퓨터 공학이나 전산학 전공자가 많기는 해요.
선생님 게임 하나를 개발하는 데 얼마나 많은 시간이 걸리나요?
게임 개발자 저의 회사를 기준으로 보면 한 게임을 개발하는 데 100명에 가까운 사람들이 함께하고, 그 기간은 전자신분일때 PC게임을 기준으로 했을때 짧아야 3년 정도, 길게 는 몇 년 이상 걸리는 것도 있었어요.
선생님 그렇게 많은 인원이 어떤 일을 하는지 알 수 있을까요?
게임 개발자 게임 개발자는 크게 기획자, 프로그래머, 그래픽 디자이너로 나눌 수 있어요. 기획자는 게임의 큰 셋트를 잡고, 거기에 스토리를 더해서 게임의 기본을 만들어 나가지요. 그래픽 디자이너는 거조 스토리와 캐릭터 구상까지 한다면 게임 이 방향을 제시하는 사람을 기획자로 부면 되지요. 기획이 이루어지면 다음으로 프로그래머와 디자이너 가 그에 의해 게임의 모습이 나오기 시작해요. 그리고 디자이너는 기획된 내용을 화면 속에 잘 보이게 게임 속 캐 릭터나 배경을 그리는 역할을 하고, 프로그래머는 게임을 할 수 있는 다양한 전자 기기에 게임이 잘 돌아가도 록 프로그램을 만드는 거죠.
선생님 게임 개발자의 일 가운데 가장 핵심이 되는 일은 무엇인가요?
게임 개발자 자 같은 프로그래머나 그래픽 디자이너는 기획을 토대로 셈을 입히고 기술을 구현하는 일들 하 는데, 그것은 온전히 기획자의 기획을 바탕으로 이루어지기 때문에 제 개인적인 생각은 기획자의 일이 가장 중요하고 생각합니다. 게임 이야기를 창의적으로 만드는 것이 정말 힘드니까요.
선생님 마지막 질문입니다. 게임 개발자가 되려면 게임을 잘해야 할까요?
게임 개발자 하하하. 게임을 잘하면 프로게이머가 되어요. 게임을 어느 정도 할 줄 알아야 하지만, 그것보다 는 다양한 문화 콘텐츠를 이해하고 자신이 기획을 하고 싶은지, 그래픽을 하고 싶은지, 프로그래밍을 하고 싶 은지 생각하여 각 분야에 필요한 본인의 실력을 쌓는 것이 더 중요하다고 생각합니다.
선생님 오늘 좋은 말씀 감사합니다.
게임 개발자 제 답변이 도움이 되셨길 바랍니다.

👍 공감 17 | 🖊 댓글 4

김진아 게임 개발자가 하는 일들이 각자 다르다는 것을 처음 알았어요.
박준기 하나의 게임을 개발하는 데 저렇게 많은 시간과 많은 사람이 필요하다니 정말 대단해요.
이민영 저도 게임 개발자가 되려면 게임을 잘해야 하는 것도 중요하지만. 부모님이 게임 많이 한다고 잔소리하시 면 말씀드려야겠어요.
조화진 앞으로의 게임에 대한 전망이 궁금합니다. 지금처럼 여전히 인기가 많을지…….

답안이란

- 알고 싶은 내용을 알아보기 위하여 얼굴을 마주하고 이야기하는 것을 말한다.
- 정보를 얻는 여러 가지 방법 중에서 알고 싶은 내용을 자세하고 정확하게 알 수 있는 방법이다.
- 궁금한 점이 있으면 질문을 통해서 쉽고 빠르게 해결할 수 있다.

▲ 인터넷 게시판의 내용으로 알맞은 것에 ○표를 하세요.

선생님이 면담한 사람은 게임 개발자 가운데 (기획자 , 프로그래머 , 그래픽 디자이너)이다.

해설 선생님은 게임 개발자 가운데 게임 프로그래머 직종에 있는 분을 만나서 면담하셨습니다.

▲ 알맞은 내용에 모두 ○표를 하세요.

게임 그래픽 디자이너는 기획된 내용을 화면 속에 잘 보이게 한다.

게임 개발자는 크게 기획자, 프로그래머, 그래픽 디자이너로 나눌 수 있다.

게임의 콘셉트를 잡고, 게임에 스토리를 담아서 게임의 기본을 다지는 일을 하는 사람은 게임 디자이너이다.

해설 게임의 콘셉트를 잡고, 게임에 스토리를 담아서 게임의 기본을 다지는 일을 하는 사람은 게임 기획자입니다.

▲ 게시판에 댓글을 단 친구 중에서 게임 개발자의 말을 바르게 이해하지 못한 친구는 누구인지 ○표를 하세요.

김진아 바로가기 이민영 조희진

해설 게임 개발자가 되기 위해서는 게임을 잘하는 것보다 다양한 문화 콘텐츠를 이해하고 각 분야에 필요한 실력을 쌓는 게 중요하다고 했습니다.

활동1 인터넷 게시판을 읽고 게임 개발자에게 궁금한 점을 생각하여 질문 댓글을 써 보세요.

댓글   댓글 닫기

예) 게임 이야기를 풍부하게 하기 위해 다른 나라의 다양한 문화도 경험해 보는 것이 중요할까요?

1000자 이내   등록

해설 면담 내용을 읽고 궁금한 점을 떠올려 자유롭게 씁니다.

활동2 다음은 희진이가 쓴 댓글에 대해 같은 반 친구가 답변 댓글을 단 내용입니다. 나는 희진이가 궁금해하는 점에 대해 어떤 생각을 가지고 있는지 써 보세요.

댓글

ㄴ 미래는 4차 산업이 첨단 과학 산업이 주도한다고 생각해. 게임도 4차 산업에 속해. 게임은 사람의 창의력과 컴퓨터 기술이 기본이 되어야 하는데, 사람의 창의력은 무한하고 컴퓨터 기술 또한 우리가 겪어 보지 못한 새로운 기술이 계속 나올 것이므로 앞으로도 게임의 전망은 밝다고 봐.

예) 게임은 가상의 세계에서 펼쳐지는 내용이야. 우리가 가 보지 않는 세상을 게임 속에서 풀어 낼 것이므로 게임은 계속해서 인기가 많고 발전할 것이라고 생각해.

해설 희진이는 게임에 대한 전망이 궁금하다고 댓글을 남겼습니다.

5회 과학

1 인터넷 백과사전을 읽고 온라인 대화 하기

치료에 사용하는 빛

민서는 귀가 아파 이비인후과에 가서 빛이 나오는 치료기를 귀에 대고 치료를 받았어요. 그리고 인터넷 백과사전에서 빛을 이용한 치료 방법에 대해 찾아보았지요. 인터넷 백과사전 내용을 읽고 온라인 대화방에 빛 치료 방법에 대해 써 보세요.

독독백과사전

치료에 사용하는 빛

눈에 보이지 않는 빛도 있을까?

적외선과 자외선은 눈에 보이지 않지만 항상 우리 곁에 있는 빛이다. 태양빛에는 우리가 볼 수 있는 가시광선 이외에도 자외선과 빨간색 바깥쪽에 있는 적외선이 있다. 독일의 천문학자인 윌리엄 허셜은 1800년에 프리즘으로 분리된 각각의 빛에 온도계를 늘어놓고 온도를 측정하다가 빨간색 바깥쪽의 온도가 가장 많이 올라간 것을 발견했다. 그래서 햇빛에 가시광선 이외에 눈에 보이지 않는 빛이 있다는 것을 알게 되었다. 이 빛이 바로 적외선이다. 적외선은 열을 잘 전달하는 특징이 있다.

빛이 치료에 이용된다고?

현대에 와서는 적외선이 열을 잘 전달하는 특징을 이용해 치료를 하기도 한다. 우리가 일상에서 접하는 적외선 치료는 가시광선 스펙트럼의 빨간색 바로 옆에 있는 적외선인 근적외선을 이용한다. 근적외선이 열을 전달하면 혈액이 흐르는 양이 많아져 산소와 영양분의 공급이 많아지게 된다. 그러면 통증을 일으키는 물질이 빨리 분산되기 때문에 통증이 완화되고 근육이 이완되면서 치료가 되는 것이다. 적외선만 치료 효과가 있는 것은 아니다. 가시광선은 다양한 색깔로 컬러테라피, 심리안정, 임상육 등에 이용된다. 또 자외선은 피부 염증을 치료하는 효과가 있다. 하지만 열 치료 효과가 있는 것은 적외선뿐이다.

자외선 / 가시광선 / 적외선

확인 이 내용이 담긴 디지털 매체는 인터넷 백 과 사 전 이다.

---

4 주차

정답과 해설 60쪽

▲ 눈에 보이지 않는 빛을 모두 골라 ○표를 하세요.

자외선   가시광선   적외선

해설 가시광선은 눈에 보이는 빛입니다.

▲ 인터넷 백과사전의 내용으로 알맞은 것에 ○표를 하세요.

자외선은 열 치료에 이용된다. ( )
적외선은 윌리엄 허셜이 처음 발견하였다. ( )
가시광선은 피부 염증을 치료하는 효과가 있다. ( )

해설 열 치료에 이용하는 것은 적외선이고, 피부 염증을 치료하는 것은 자외선입니다.

활동 인터넷 백과사전 내용을 떠올리며, 온라인 대화방에 자신이 경험한 빛 치료 방법을 써 보세요.

단계 이야기방 5

박민서 오늘 귀가 아파서 병원에 갔는데 빛 발을 귀에 쐬는 치료를 받았어. 오후 8:12

아루리 빛으로 치료를? 오후 8:13

민들린 아두리~ 말 그렇게 놀래. ^^; 오후 8:15

설이든 빛 치료 경험해 본 사람 있니? 경험 좀 얘기해 줘. 오후 8:17

단계 이야기방 5

예) 친구들과 축구를 하다가 다리를 다쳐서 정형외과에 갔는데, 진료를 마치고 침대에 누워 다리에 빨간 빛을 쐬었어. 치료를 받을 때는 따뜻하고 좋았고, 치료를 받고 나니 통증이 가라앉아서 신기했어.

해설 인터넷 백과사전을 다시 읽고 빛 치료 방법이 어떤 것인지 생각해 봅니다.

자료에서
적외선이 빨간색으로 보이는 까닭

· 적외선은 원래 눈에 보이지 않는다.
· 사람들이 적외선의 작용을 쉽게 알 수 있게 하기 위해 인위적으로 빨간색을 입한 것이다.

5회 생활

2 웹툰과 인터넷 백과사전을 읽고 SNS에 레시피 쓰기

떡볶이 만들기

주은이가 봉사 활동을 하는 다문화 센터에서는 청소년 한류 축제가 열릴 예정입니다. 주은이는 비대면으로 여러 나라 친구들에게 떡볶이를 소개하고, 요리 방법도 알려 주는 행사에 참가하기로 했습니다. SNS에 떡볶이 레시피를 올려 보세요.

청소년 한류 축제 <다문화 센터에서>

이번 청소년 한류 축제 때 뭐 하실지 정했어요?

요즘 한국 영화나 드라마 인기도 엄청나다니까 제 조각같은 외모로 포스터를 만들어야 하나 봐요.

한류라면 아무래도 케이팝이죠. 케이팝이니까 춤을 춰야 할까요?

하하, 저는 케이푸드로 한류로 뜨고 있다고 하니까 청소년들이 좋아할 만한 떡볶이를 소개해 볼까 해요.

오, 그거 좋은데요.

떡볶이 백과사전

오후 02:30

떡볶이

뜻 가래떡에 고기나 여러 가지 채소 등을 넣고 볶거나 끓인 음식.

종류 양념 재료에 따라 간장 양념으로 하는 궁중 떡볶이와 고추장 양념으로 하는 고추장떡볶이로 나눌 수 있다.

재료 주재료: 가래떡, 소고기, 어묵, 여러 가지 채소
양념: 고추장이나 간장, 물엿, 설탕, 마늘 등

조리법
• 궁중 떡볶이: 흰떡을 적당한 크기로 자른 다음 간장 양념에 소불고기, 양파, 표고버섯 등을 넣고 볶아서 완성한다.
• 고추장 떡볶이: 흰떡을 적당한 크기로 자른 다음 고추장 양념에 양파, 당근 등 여러 가지 채소와 어묵 등을 넣어 끓여서 완성한다.

특징 간장 떡볶이보다 고추장 떡볶이가 좀 더 대중적이다. 고추장 떡볶이는 대표적인 길거리 음식으로 어묵, 라면, 만두, 김말이, 치즈 등 다양한 재료를 첨가해 만들 수 있다.

확인 이 내용이 담긴 디지털 매체는 웹 툰 과 인터넷 백과사전이다.

▲ 웹툰의 내용으로 알맞은 것에 ○표를 하세요.

주은이가 활동하는 다문화 센터에서는 청소년 한류 축제가 열릴 예정이다.
청소년 한류 축제 때 주은이는 김밥, 어묵, 만두 등을 준비할 계획이다.

해설 주은이는 다문화 센터에서 열리는 청소년 한류 축제 때 비대면으로 떡볶이를 소개하고 요리 방법도 알려 줄 예정입니다.

▲ 주은이는 쌀떡을 이용한 고추장 떡볶이 레시피를 정리해 SNS에 올리려고 합니다. 필요한 재료를 모두 골라 ○표를 하세요.

쌀떡　멥떡　어묵　콩　식초
커피　고추장　양파　설탕　당근　마늘　두부

해설 쌀떡을 이용한 고추장 떡볶이는 쌀떡을 적당한 크기로 자른 다음 고추장 양념에 여러 가지 채소와 어묵 등을 넣어 끓여서 완성합니다.

활동 다음은 SNS에 올라온 치즈 떡볶이 레시피입니다. 레시피를 참고하여 위에서 고른 재료로 SNS에 올릴 쌀떡을 이용한 고추장 떡볶이 레시피를 정리해 써 보세요.

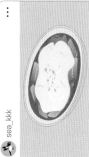

sea_kkk

258 Likes

1. 넓은 팬이나 냄비에 물 3컵을 붓고 떡 1근, 어묵 1/2근, 고추장 2근을 넣고 끓입니다.
2. 10이 끓어오르면 양파, 당근, 마늘, 설탕을 넣고 한 번 더 끓입니다.
3. 재료가 충분히 익으면 물을 낮추고, 치즈를 올립니다.

해설 인터넷 백과사전과 왼쪽의 치즈 떡볶이 레시피를 참고하여 레시피를 참고하여 써 봅니다.

sea_kkk

258 Likes

예 1. 넓은 팬이나 냄비에 물 3컵을 넣고
쌀떡 1근, 어묵 1/2근, 고추장 2근
솔을 넣고 끓입니다.
2. 10이 끓어오르면 양파, 당근, 마늘,
설탕을 넣고 한 번 더 끓입니다.

떡볶이 만들기 팁

• 떡은 미리 물에 불려 두면 말랑말랑하게 익는다.
• 떡과 재료를 넣으면 뒤 물이 끓으면 불을 중불로 조절한다.
• 재료를 순서대로 넣으며 가스레인지 등을 사용할 때는 부모님의 도움을 받는다.

확인 문제 »

1 다음 매체의 특징에 대해 알맞게 말하지 않은 친구의 이름을 쓰세요.

> 서연: 대화의 중심 내용을 알맞게 말한다.
> 호준: 다른 사람과 실시간으로 대화할 수 있다.
> 세아: 항상 정해진 시간에 전하려는 내용을 한꺼번에 알려야 한다.

> 우진: 직접 만나지 않고 대화를 하더라도 예의를 지켜 말한다.

(세아)

> 해설 온라인 대화방은 대화나 정보를 주고받는 시간이 정해져 있지 않습니다.

2 다음과 같이 자신이 다녀온 곳을 공유하기 위해 사용한 매체는 무엇인가요? (②)

① 광고
② SNS
③ 블로그
④ 온라인 대화방
⑤ 인터넷 백과사전

> 해설 자신이 다녀온 음식점을 SNS에 공유하였습니다.

3 다음과 같은 매체의 특징으로 알맞지 않은 것은 무엇인가요? (③)

① 전송한 시간을 알 수 있다.
② 작성자가 누구인지 나타나 있다.
③ 한 번 입력한 내용은 고칠 수 없다.
④ 댓글을 통해 다른 사람의 의견을 알 수 있다.
⑤ 여러 사람에게 글이나 사진으로 정보를 전달한다.

> 해설 인터넷 뉴스의 내용은 수정할 수 있습니다.

확인 문제 »

정답과 해설 62쪽

4 다음 설명에 알맞은 매체에 ○표를 하세요.

> 다른 사람들에게 전하고 싶은 생각이나 정보를 전달하며, 댓글을 통해 읽는 사람이 생각을 전할 수 있는 매체는 (인터넷 백과사전 , 인터넷 게시판)이다.

> 해설 인터넷 게시판은 다른 사람들에게 전하고 싶은 생각이나 정보를 전달하며, 댓글을 통해 읽는 사람이 생각을 전할 수 있는 매체입니다.

5 다음과 같은 때에 사용하기에 알맞은 매체는 무엇인가요? (②)

> 여행을 다녀와서 자신의 생각이나 정보를 직접 글로 써서 모아두려고 할 때

① 광고
② 블로그
③ 인터넷 뉴스
④ 온라인 대화방
⑤ 인터넷 백과사전

> 해설 블로그는 자신의 생각이나 정보를 직접 글로 써서 모아들 수 있는 매체입니다.

6 다음과 같은 매체의 특징으로 알맞은 것을 두 가지 고르세요. (④ , ⑤)

① 전송한 시간을 알 수 있다.
② 내용을 수시로 고칠 수 있다.
③ 댓글을 통해 다른 사람의 의견을 알 수 있다.
④ 다른 사람을 설득하여 물건을 구매하도록 한다.
⑤ 제품 정보를 사진, 영상, 음악, 자막 등을 이용하여 효과적으로 전달한다.

> 해설 광고는 다른 사람을 설득하여 물건을 구매하도록 하는 데 그 목적이 있습니다.

7 다음 매체의 종류는 무엇인지 알맞은 것에 ○표를 하세요.

> 대상에 대한 정보를 정확하고 자세한 설명과 함께 사진이나 그림으로 보여 주는 (인터넷 백과사전 , 온라인 대화방)이다.

> 해설 인터넷 백과사전은 대상에 대한 정보를 정확하고 자세한 설명을 사진이나 그림과 함께 보여 줍니다.

디지털 매체 학습으로 문해력 키우기

'디지털독해가 문해력이다'

디지털 매체에서 정보를 알맞게 읽어내는 문해력

◇ 교과별 성취 기준을 바탕으로 한 디지털 매체 학습을 중심으로 구성

◇ 실생활에서 자주 접하는 다양한 디지털 매체를 제시하여 활용해 보는 활동

◇ 디지털 매체를 활용한 다양한 독해 활동과 확인 문제로 구성

◇ 학습 내용과 함께 가치 동화를 제시하여 5가지 올바른 가치를 강조

교과서를 혼자 읽지 못하는 우리 아이? 평생을 살아가는 힘, '문해력'을 키워 주세요!

EBS '당신의 문해력' 교재 시리즈는 **약속**합니다.

교과서를 잘 읽고
더 나아가 많은 책과 온갖 글을 읽는 능력을 갖출 수 있도록
문해력을 이루는 핵심 분야별, 학습 단계별 교재를 준비하였습니다.

한 권 5회 × 4주 학습으로 아이의 공부하는 힘,
평생을 살아가는 힘을 EBS와 함께 기울 수 있습니다.

정답과 해설

디지털독해가
문해력
이다

우리 아이 독해 학습, 잘하고 있나요?

* 실제 학부모님들의 고민 사례

독해 교재 한 권을 다 풀고 다음 책을 학습하려 했더니 갑자기 확 어려워지는 독해 교재도 있어요.
차근차근 수준별 학습이 가능한 독해 교재 어디 없을까요?

저희 아이는 여러 독해 교재를 꾸준히 학습하고 있어요. 짧은 글이라 쓱 보고 답은 쉽게 찾더라구요.
그런데, 진짜 문해력이 키워지는지는 잘 모르겠어요.

어떤 독해 교재는 갑자기 어려워졌다가 쉬워졌다가 난이도가 가늠이 안 돼요.
그냥 풀고는 있는데 아이 수준에 맞는 교재인지는 모르겠어요.

국어 독해, 이제 특허받은 ERI로 해결하세요!

EBS·전국 문해력 전문가·이화여대 산학협력단이 공동 개발한 과학적 독해 지수 'ERI 지수' 최초 적용! 진짜 수준별 독해 학습을 만나 보세요.

* ERI(EBS Reading Index) 지수는 글의 수준을 체계화한 수치로, 글의 난이도를 낱말, 문장, 배경지식 수준에 따라 산출하였습니다.

당신의 문해력
ERI 독해가
문해력
이다

3단계 기본/심화
초등 3~4학년 권장

4단계 기본/심화
초등 4~5학년 권장

5단계 기본/심화
초등 5~6학년 권장

6단계 기본/심화
초등 6학년~
중학 1학년 권장

7단계 기본/심화
중학 1~2학년 권장